JN061066

間違うと痛い!!

三訂版

# 印紙税の実務

## Q&A

50問/50答

山端美徳［著］

一般財団法人 大蔵財務協会

# は し が き

　印紙税が誕生したのは地租改正が行われた1873年（明治 6 年）に採用された「受取諸証文印紙貼用心得方規則」が始まりと言われております。その後、1899年（明治32年）には「印紙税法」が制定され、1967年（昭和42年）に全文が改正され現行の印紙税法が施行されました。

　また、1989年（平成元年）の消費税法制定時には課税文書の見直しが行われ、委任状などの一部の文書が課税廃止となりました。

　現在の印紙税法は、全文24条となっており、税法のなかでも条文も少なく簡潔な法律となっています。しかし、民法、商法、会社法などの法律を根拠として回答を導く場合や、取引の商慣習などを前提として考えるなど、印紙税の課否判定を行うことは容易ではありません。

　そのため、契約書や受取書には印紙を貼らなければいけないことは広く知られているところですが、正確な回答を導くことを理解せずに、税額表に記載されている文書の名称だけで判断して印紙税の処理をしている事例が多々見受けられます。

　また、印紙税は 1 通当たりの税額が200円から60万円までと幅広く、文書によっては年間の作成通数も膨大な数となり、適切に印紙税が納付されていないと、事後、多額の過怠税を追徴されるおそれがあります。

　印紙税として納付するのであれば損金とできるものが、不納付による過怠税として納付することになれば、損金不算入となってしまいます。

　昨今、当局の税務調査の際には、印紙税をチェックされることが多

く、大量作成する文書のような場合は特に、文書作成の初期段階で適切な判断をする必要があります。

　このように、潜在的な税務上のリスクがあるのにもかかわらず、印紙税に関する書籍は、法人税、消費税、相続税などの税目に比べると数が少なく、更には、研修で取り上げられる機会もほとんどありません。印紙税は税理士による税務代理の対象とならない税目であり、また、税理士試験の受験科目でもありませんので、体系的に理解することが難しい状況にあるといえます。

　そこで本書は、実務で直面する問題として、課税文書の範囲、事例ごとの課否判定の考え方、更には、印紙税調査の現状などをコンパクトにまとめ、理解しやすい構成としました。

　本書が税務に携わる方にとって、印紙税に関する基礎知識の習得に役立てることができれば幸いです。なお、本書の意見等は執筆者の私見であり、税務当局の確定した見解ではないことをあらかじめご了承ください。


　令和3年5月

税理士　山端　美徳

# 目　次

はしがき

## 3 納税地等

## 4 課否判定の方法

## 5 過誤納確認申請等

## 6 課税文書の内容

## 7　印紙税調査

## 8　裁決事例

## 9　その他

## 参考資料

─────── 凡　　　例 ───────

○　法……………印紙税法

○　令……………印紙税法施行令

○　規則…………印紙税法施行規則

○　措法…………租税特別措置法

○　措令…………租税特別措置法施行令

○　課税物件表……印紙税法別表第一課税物件表

○　通則…………印紙税法別表第一課税物件表の適用に関する通則

○　基通…………印紙税法基本通達

○　基通別表1……印紙税法基本通達別表第一課税物件、課税標準及
　　　　　　　　　び税率の取扱い

○　基通別表2……印紙税法基本通達別表第二重要な事項の一覧表

○　消費税法改正に伴う印紙税の取扱い……個別通達　平成元年3月
　　　　　　　　　10日「消費税法の改正等に伴う印紙税の取扱いに
　　　　　　　　　ついて」

(注)　令和4年4月1日現在の法令通達によっています。

# Q1 印紙税とは

印紙税とはどのような税金ですか。

**A** 印紙税とは、日常の経済取引に伴って作成する各種の文書に対して課税される「流通税」の一種であるとともに、文書に対する課税であることから「文書税」ともいわれています。

**解 説**

印紙税とは、主として日常の経済取引に伴って作成される契約書や領収書などの文書を作成した場合に、印紙税法に基づきその文書に課税される税金で、**印紙税法別表第一の課税物件表に掲げられている20種類の文書**が課税対象となっています。

また、印紙税は「流通税」の一種とされていますが、流通取引そのものに課税しようとするものではなく、その取引に際して作成される文書に課税することから「文書税」ともいわれています。

つまり、文書を作成しなければ印紙税は課税されることはなく、逆に一つの取引に際して契約書を数通又は数回作成すれば、何通、何回でも課税されることとなります。

さらに、印紙税は文書の作成者である納税義務者が、自主的に文書の課否判定を行い、税額を算出して納付する自主納税方式をとっています。

そのため、所定の納税がされなかった場合には、行政上の制裁としての性格を有する過怠税が徴収されることとなっています。

**参 考**

印紙税の納付は原則として作成の時までに、その文書に収入印紙を

貼付し、消印をすることで納税が完結しますが、収入印紙は印紙税の納付だけでなく、登録免許税や国の手数料等の納付にも用いられる場合があります。

　また、国の租税及び行政手数料等の歳入金等を納付に使用する印紙には、収入印紙の他に自動車重量税印紙、特許印紙等があるため、印紙を購入する際には、用途に応じた種類の印紙を購入するよう注意が必要です。

印紙の種類（印紙をもって歳入納付に関する法律第2条）

| | |
|---|---|
| 収入印紙 | 租税（印紙税、登録免許税）、国に納付する手数料、罰金、科料、過料、刑事追徴金、訴訟費用等に使用 |
| 雇用保険印紙 | 日雇労働被保険者に関する保険料の納付に使用 |
| 自動車検査登録印紙 | 自動車の新規登録、変更登録等に使用 |
| 健康保険印紙 | 日雇特別被保険者に関する保険料の納付に使用 |
| 自動車重量税印紙 | 自動車重量税の納付に使用 |
| 特許印紙 | 特許や商標等、特許庁関係の申請時に使用 |

# Q2 課税文書とは

印紙税が課税される文書とは、どのような文書ですか。

**A** 印紙税法では印紙税が課税される文書として、印紙税法別表第一の課税物件表に課税物件、課税標準及び税率等が掲げられています。

この課税物件表に掲げられている文書のうち、印紙税法第5条「非課税文書」の規定により印紙税を課さないものとされる文書以外の文書を「課税文書」といいます。

また、課税物件表に掲げられていない文書、すなわち「課税文書」及び「非課税文書」に該当しない文書のことを「不課税文書」といいます。

解 説

(1) 課税文書

印紙税が課税される文書（課税文書）とは、次の①から③までのすべてに当てはまる文書をいいます。

① 印紙税法別表第一課税物件表に掲げられている20種類の項目により証される課税事項が記載される文書

② 当事者の間において課税事項を証明する目的で作成される文書

③ 印紙税法第5条（非課税文書）の規定により、印紙税を課さないこととされる文書以外の文書

(2) 非課税文書

非課税文書とは、印紙税法別表第一課税物件表に掲げられている文書のうち、次のいずれかに当てはまる文書をいいます。

① 印紙税法別表第一課税物件表の非課税物件欄に規定する文書

② 国、地方公共団体又は印紙税法別表第二に掲げる者が作成した

文書

例）印紙税法別表第二　非課税法人の表（第5条関係）

　名称）株式会社国際協力銀行

　根拠法）会社法及び株式会社国際協力銀行法（平成23年法律第
　　　　39号）

③　印紙税法別表第三に掲げる文書で、同表に掲げる者が作成した
　文書

例）印紙税法別表第三　非課税文書の表（第5条関係）

　文書名）国庫金又は地方公共団体の公金の取扱いに関する文書

　作成者）日本銀行その他法令の規定に基づき国庫金又は地方公共
　　　　団体の公金の取扱いをする者

④　特別の法律により、非課税とされる文書

例1）健康保険法（大正11年法律第70号）

（印紙税の非課税）

第195条　健康保険に関する書類には、印紙税を課さない

例2）労働者災害補償保険法（昭和22年法律第50号）

（印紙税の非課税）

第44条　労働者災害補償保険に関する書類には、印紙税を課さな
　　　　い。

◆不課税文書

　不課税文書とは、印紙税法別表第一課税物件表に掲げられていない
文書、すなわち「課税文書」及び、「非課税文書」に該当しない文書
をいいます。

　（参考法令：法2、3、5、課税物件表、法別表2、3、基通2）

# Q3 課税文書に該当するかどうかの判断

作成した文書が課税文書に該当するかどうかは、具体的にどのように判断するのでしょうか。

A 契約書のような文書は、作成者が自由に作成することから、その内容については様々です。したがって、作成された文書が課税文書に該当するかどうかについては、その文書に記載されている個々の内容すべてを検討して判断することとし、文書の名称、形式的な記載文言だけで判断することなく、実質的な意義に基づいて判断します。

解 説

例えば、次ページの「建物賃貸借契約書」の場合、標題で判断すると建物賃貸借契約書であることから、課税物件表の20種類の文書には当てはまらないため不課税文書に該当しそうですが、この場合、第3条において保証金の受領事実が記載されていることから、印紙税法上の金銭の受取書に該当することとなります。なお、保証金は契約期間終了後、借主へ返還することとなっているため、借主（乙）が所持するものについて、第17号の2文書（売上代金以外の金銭の受取書）に該当することとになります（貸主（甲）が所持するものについては、不課税文書となります。）。

```
                    建物賃貸借契約書

  貸主(甲)と借主(乙)は、下記条項を双方承諾のうえ本契約を締結する。
  第1条  賃貸借物件  ○○アパート○号室
  第2条  賃貸料月額  80,000円とする
  第3条  契約に際して乙は甲に保証金80,000円を本日支払うことと
       し、甲はこれを受領した。なお、この保証金は契約終了後に乙
       に返還するものとする。
                  （以  下  省  略）
```

| 参 考 |

　実質的な意義の判断とは、文書に記載されている単価、数量、記号等により、当事者間において金額が計算できる場合などはそれを記載金額とするなど、その文書に記載表示されている文言、符号などを基礎として当事者間の了解、基本契約又は慣習などを加味して、総合的に行うことをいいます。

◆基通別表1第17号文書1（金銭又は有価証券の受取書の意義）

　「金銭又は有価証券の受取書」とは、金銭又は有価証券の引渡しを受けた者が、その受領事実を証明するため作成し、その引渡者に交付する単なる証拠証書をいう。

（注）文書の表題、形式がどのようなものであっても、また「相済」、
　　「完了」等の簡略な文言を用いたものであっても、その作成目的が
　　当事者間で金銭又は有価証券の受領事実を証するものであるとき
　　は、第17号文書（金銭又は有価証券の受取書）に該当するのであ
　　るから留意する。

　　　　　　　（参考法令：法2、基通2、3、別表1第17号文書1）

# Q4 他の文書を引用している文書

文書の内容を特定させるために、他の文書を引用する場合がありますが、このような場合、印紙税の取扱いはどうなりますか。

A 他の文書を引用している場合は、引用されている他の文書の内容がその文書に記載されている場合と同じ効果があることから、課否判定においては引用されている他の文書の内容はその文書に記載されているものと判断します。

なお、記載金額及び契約期間については、その文書に記載されている記載金額及び契約期間のみで判断します。ただし、第1号文書若しくは第2号文書又は第17号の1文書については、通則4のホの（二）又は（三）の規定により記載金額があることになる場合があります。

解説

次ページの注文請書には注文書の内容を引用していることが、注文日、注文書番号から特定できます。したがって、引用されている文言は注文請書に記載されているものとして判断します。この場合は請負契約の内容が記載されているため、注文請書は第2号文書（請負に関する契約書）に該当し、記載金額についても注文書から引用できることとなります。

○○商店株式会社殿

注　文　請　書

○○店新築工事をお請けさせていただきます。

なお、工事内容、契約金額等につきましては令和○年 4 月 1 日付

貴注文書番号第 11 号のとおりとさせていただきます。

令和○年 4 月 6 日

　東京都千代田区神田　○○建設株式会社

代表取締役　○○太郎　　印

---

○○建設株式会社殿　　　　　　　　　　　　　注文書番号第 11 号

注　文　書

1.　工　事　名　「○○商店○○店　新築工事」一式

2.　工　　　期　令和○年 6 月○日〜令和○年 11 月○日

3.　契 約 金 額　60,000,000 円（税込）

令和○年 4 月 1 日

　神奈川県横浜市中区　○○商店株式会社

代表取締役　○○一郎　　印

参　考

◆通則 4 のホ

　（二）　第 1 号又は第 2 号に掲げる文書に当該文書に係る契約につい
　　　　ての契約金額又は単価、数量、記号その他の記載のある見積
　　　　書、注文書その他これらに類する文書（この表に掲げる文書を
　　　　除く。）の名称、発行の日、記号、番号その他の記載があるこ
　　　　とにより、当事者間において当該契約についての契約金額が明
　　　　らかであるとき又は当該契約についての契約金額の計算をする
　　　　ことができるときは、当該明らかである契約金額又は当該計算

により算出した契約金額を当該第1号又は第2号に掲げる文書の記載金額とする。

（三）　第17号に掲げる文書のうち売上代金として受け取る有価証券の受取書に当該有価証券の発行者の名称、発行の日、記号、番号その他の記載があること、又は同号に掲げる文書のうち売上代金として受け取る金銭若しくは有価証券の受取書に当該売上代金に係る受取金額の記載のある支払通知書、請求書その他これらに類する文書の名称、発行の日、記号、番号その他の記載があることにより、当事者間において当該売上代金に係る受取金額が明らかであるときは、当該明らかである受取金額を当該受取書の記載金額とする。

◆基通4（他の文書を引用している文書の判断）

　一の文書で、その内容に原契約書、約款、見積書その他当該文書以外の文書を引用する旨の文言の記載があるものについては、当該文書に引用されているその他の文書の内容は、当該文書に記載されているものとして当該文書の内容を判断する。

　2　前項の場合において、記載金額及び契約金額については、当該文書に記載されている記載金額及び契約期間のみに基づいて判断する。

（注）第1号文書若しくは第2号文書又は第17号の1文書について、通則4のホの（二）又は（三）の規定が適用される場合には、当該規定に定めるところによるのであるから留意する。

（参考法令：通則4、基通4）

# Q5 印紙税法上の契約書とは

「注文請書」のように一方が署名押印するような文書も印紙税法上の契約書に該当するのでしょうか。

A 印紙税法上の契約書とは、契約証書、協定書、約定書その他名称のいかんを問わず、契約当事者間において契約（その予約を含む）の成立、更改又は内容の変更若しくは補充の事実を証明する目的で作成される文書をいいます。

したがって、解約合意書など、契約の消滅の事実のみを証明する目的で作成される文書は課税されません。

また、念書、請書など契約の当事者の一方のみが作成する文書や契約の当事者の全部あるいは一部の署名を欠く文書で、当事者間の了解や商慣習に基づき契約の成立等を証明する目的で作成されるものも契約書に含まれます。

解 説

整理すると下記のとおりとなります。

(1) 協定書、約定書、覚書等、文書の名称は問いません。

(2) 契約の成立、更改、変更又は補充の事実を証すべき文書です。

(3) 契約の予約も印紙税法上の契約書に含まれます。

(4) 請書等、当事者の一方のみが作成する文書で、当事者間の了解や商慣習に基づき契約の成立を証する文書も契約書に含まれます。

(5) 当事者の全部あるいは一部の署名を欠く文書で、当事者間の了解や商慣習に基づき契約の成立を証する文書も契約書に含まれます。
（例：ATM で預金を預け入れた際に出力される「利用明細」等）

(6) 契約の消滅の事実のみを証すべき文書は含まれません。

（参考法令：通則 5 、基通12 ～ 18）

# Q6 変更契約書の取扱い

変更契約書を作成する際の印紙税の取扱いについて教えてください。

A 原契約の内容を変更する契約書についても、印紙税の課税対象となります。

契約の内容の変更とは「既に存在している原契約の同一性を失わせないでその内容を変更すること」です。

なお、原契約について契約書が作成されていなくて、変更契約書だけが存在する場合においても、同様に印紙税の課税対象となります。

解 説

(1) 原契約が課税物件表の一の号の文書のみの課税事項を含む場合で、その課税事項のうちの重要な事項を変更する契約書 ⇒原契約と同一の号に該当します。

例) 請負契約書（第2号文書）の請負金額50万を80万円に変更する契約書 ⇒第2号文書

(2) 原契約が課税物件表の二以上の号の課税事項を含む場合で、その課税事項のうちの重要な事項を変更する契約書

・いずれかの一方のみの重要な事項を変更する契約書 ⇒いずれか一方の号に該当します。

・2以上の号の重要な事項を変更する契約書 ⇒それぞれの号に該当し、通則3の規定によりその所属を決定します。

例) ①報酬月額及び契約期間の記載がある請負契約書（第2号文書と第7号文書に該当し、所属は第2号文書）の報酬月額を変更する契約書で、契約期間又は報酬総額の記載の

ない契約書　⇒第7号文書

　　②報酬月額及び契約期間の記載がある請負契約書（第2号
　　　文書と第7号文書に該当し、所属は第2号文書）の報酬
　　　月額を変更する契約書で、契約期間又は報酬総額のある契
　　　約書　⇒第2号文書

(3)　原契約の内容のうち、課税事項に該当しない事項を変更する契約
　　書で、その変更に係る事項が原契約の該当する課税物件表の号以外
　　の号の重要な事項に該当する契約書　⇒原契約書の該当する号以外
　　の号に該当します。

　　例）消費貸借に関する契約書（第1号文書）の連帯保証人を変更
　　　する契約書　⇒第13号文書

(4)　(1)から(3)までに揚げる契約書で重要な事項以外の事項を変更する
　　ものは、課税文書には該当しません。

　　※重要な事項とは、基通別表2（115ページ）で定められています。

　　　　　（参考法令：通則2、3、5、基通11、17、基通別表2）

# Q7 申込書、注文書等の取扱い

申込書や注文書等と呼ばれている文書でも、印紙税がかかる場合があると聞きましたがどのような場合ですか。

**A** 申込書、注文書等であっても、相手方の申込みに対する承諾の事実を証明する目的で作成される場合は、印紙税法上の契約書に該当します。

解 説

　一般的に申込書や注文書等は契約の申込みの事実を証明する目的で作成されるものであり、契約書には該当しませんが、相手方の申込みに対する承諾の事実を証明する場合は契約書に該当します。

　以下の場合は、原則として契約書に該当します。

(1) 契約当事者の間の基本契約書、規約又は約款等に基づく申込みであることが記載されていて、一方の申込みにより自動的に契約が成立することとなっている場合における申込書等。

　　ただし、契約の相手方当事者が別に請書等契約の成立を証明する文書を作成することが記載されている場合を除きます。

(2) 見積書その他の契約の相手方当事者の作成した文書等に基づく申込みであることが記載されている申込書等。

　　ただし、契約の相手方当事者が別に請書等契約の成立を証明する文書を作成することが記載されている場合を除きます。

(3) 契約当事者双方の署名又は押印があるもの。

（参考法令：通則5、基通2、3、21）

# Q8 文書の所属の決定

一の文書に、課税物件表の二以上の号に該当する課税事項が記載されている場合は、どのように取り扱うのでしょうか。

**A** 一の文書に、課税物件表の二以上の号に該当する課税事項が記載されている場合、いずれかの一の号の課税文書として課税することとされています。

何号文書に該当するかは、通則 3 の規定により所属を決定することとなります。

解 説

通則 3 の規定を図示すると次のとおりです。それぞれの記載事項について所属を判定したうえで、以下に例示する一定のルールに従って最終的な所属を決定します。

(1)

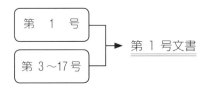

（事例）
不動産及び債権売買契約書（第 1 号の 1 文書と第 15 号文書）⇒第 1 号の1文書

　（注）　(3)又は(4)に該当する文書を除きます。

(2)

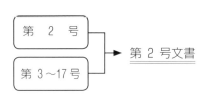

（事例）
工事請負及び工事手付金の受取事実を記載した契約書（第 2 号文書と第 17 号の 1 文書）⇒第 2 号文書

　（注）　(3)又は(4)に該当する文書を除きます。

(3)

契約金額の記載なし

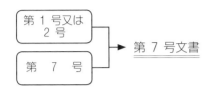

（事例）

継続する運送に関する基本的な事項を定めた契約書で契約金額の記載のないもの（第 1 号の 4 文書と第 7 号文書）

⇒第 7 号文書

(4)

契約金額の記載なし

受取金額 100 万円超

（事例）

工事請負契約及び受取書（工事請負代金は別に定めることとし、手付金 200 万円を領収と記載した文書）（第 2 号文書と第 17 号の 1 文書）

⇒第 17 号の 1 文書

契約金額の記載あり

```
第 1 号又は
2 号
          ┌──→ 第 1 号又は第 2 号文書
          │    1 号又は
          │    2 号金額 ≧ 17 号の 1 金額
          │
          │    1 号又は
          │    2 号金額 < 17 号の 1 金額
第 17 号の 1 └──→ 第 17 号の 1 文書
```

受取金額 100 万円超

（事例）

消費貸借契約及び売上代金の受取書（売掛金 800 万円のうち 600 万円を領収し、残額 200 万円を消費貸借とする文書）（第 1 号の 3 文書と第 17 号の 1 文書）

⇒第 17 号の 1 文書

(5)

第 1 号文書

（事例）
機械製作及び運送契約書（第
1 号の 4 文書と第 2 号文書）
⇒第 1 号の 4 文書

（注）　(6)に該当する文書を除きます。

(6)

契約金額の記載あり

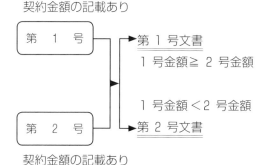

第 1 号文書
1 号金額 ≧ 2 号金額

1 号金額 ＜ 2 号金額
第 2 号文書

契約金額の記載あり

（事例）
機械製作及び運送契約書
（機械製作費 200 万円、運
送料 10 万円と区分記載さ
れているもの）（第 1 号
の 4 文書と第 2 号文書）
⇒第 2 号文書

(7)

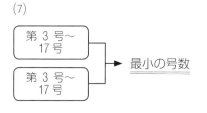

最小の号数

（事例）
継続する債権売買についての基
本的な事項を定めた契約書（第
7 号文書と第 15 号文書）⇒第
7 号文書

（注）　(8)に該当する文書を除きます。

(8)

第 3 号～
16 号

第 17 号の 1

第 17 号の 1 文書

受取金額 100 万円超

（事例）
債権の売買代金 200 万円の受取
事実を記載した債権売買契約書
（第 15 号文書と第 17 号の 1 文
書）⇒第 17 号の 1 文書

(9)

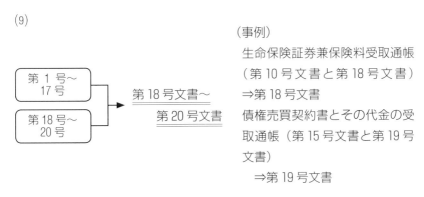

（事例）

生命保険証券兼保険料受取通帳（第10号文書と第18号文書）⇒第18号文書

債権売買契約書とその代金の受取通帳（第15号文書と第19号文書）

⇒第19号文書

（注）　(10)、(11)又は(12)に該当する文書を除きます。

(10)

契約金額10万円超

（事例）

契約金額が200万円の不動産売買契約書とその代金の受取通帳（第1号の1文書と第19号文書）⇒第1号の1文書

（注）平成26年4月1日以後に作成された文書で、印紙税の軽減措置が適用される第1号の1文書の場合には、50万円超となります。

(11)

契約金額100万円超

（事例）

契約金額が300万円の請負契約書とその代金の受取通帳（第2号文書と第19号文書）⇒第2号文書

（注）平成26年4月1日以後に作成された文書で、印紙税の軽減措置が適用される第2号文書の場合には、200万円超となります。

(12)

契約金額 100 万円超

第 17 号の 1 ┐
　　　　　 ├→ 第 17 号の 1 文書
第 19 号又は │
20 号 ┘

（事例）
下請前払金 200 万円の売上代金の受取書と請負通帳（第 17 号の 1 文書と第 19 号文書）⇒第 17 号の 1 文書

(13)

第　18　号 ┐
　　　　　 ├→ 第 19 号文書
第　19　号 ┘

（事例）
預貯金通帳と金銭の受取通帳が 1 冊となった通帳（第 18 号文書と第 19 号文書）⇒第 19 号文書

| 参 考 |

　「一の文書」とは、その形態からみて 1 個の文書と認められるものをいい、文書の記載証明の形式などは問わないとされています。

　例えば、1 枚の用紙に二以上の課税事項が各別に記載証明されているもの、2 枚以上の用紙が契印等により結合されているものは、一の文書になります。ただし、文書の形態、内容から作成した後に切り離して行使又は保存することを予定していることが明らかなものは、それぞれ各々の一の文書とされます。

　また、一の文書に、後日更に一定の事項が記載された場合、後日追記されたものについては、新たに別の文書を作成したものとみなされますので注意が必要です。

　　　　　　　　　（参考法令：通則 2 、 3 、基通 5 、 9 〜 11）

# Q9 記載金額とは

印紙税法上の記載金額とは、どのように考えるのでしょうか。

A 　課税文書の記載金額は、原則としてその文書に記載された金額をいいます。

　記載された金額とは、契約金額等が具体的に記載された場合に限らず、単価、数量、記号等が記載されていて計算できる場合も含みます。

　なお、第1号文書、第2号文書及び第17号文書については、その文書に金額が記載されていない場合であっても、他の文書を引用している場合（ただし第1号文書及び第2号文書は課税物件表に掲げる文書からの引用は除きます。）は、記載金額のある文書となる場合があります。

解 説

　記載金額は、原則としてその文書に記載された金額をいい、例えば50万円で土地を譲渡すると記載した不動産売買契約書であれば、記載金額は50万円の第1号の1文書（不動産の譲渡に関する契約書）に該当することとなります。

　その他のケースは次のとおりです。

(1)　一の文書に同一の号の記載金額が2以上ある場合……合計額が記載金額

　　例）1通の請負契約書にA工事300万円、B工事500万円と記載

　　　　⇒第2号文書　記載金額800万円

(2)　一の文書に2以上の号の課税事項が記載されている場合

　　①　その記載金額をそれぞれの課税区分ごとに区分することができる場合……所属することとなる号の課税事項に係る記載金額

例）不動産及び債権売買契約書　不動産600万円、債権300万円

　　（第1号の1文書と第15号文書）⇒第1号の1文書　記載金額600万円

②　その記載金額をそれぞれの課税区分ごとに区分することができない場合……記載金額

例）不動産及び債権売買契約書　不動産及び債権　900万円

　　（第1号の1文書と第15号文書）⇒第1号の1文書　記載金額900万円

(3)　第17号の1文書で、記載金額を売上代金に係る金額とその他の金額とに区分することができる場合……売上代金に係る金額

例）貸付金元本と利息の受取書　貸付金元本300万円、貸付金利息20万円

　　（第17号の2文書と第17号の1文書）⇒第17号の1文書　記載金額20万円

(4)　第17号の1文書で、記載金額を売上代金に係る金額と、その他の金額とに区分することができない場合……記載金額

例）貸付金元本と利息の受取書　貸付金元本及び貸付金利息320万円

　　（第17号の2文書と第17号の1文書）⇒第17号の1文書　記載金額320万円

(5)　記載された単価及び数量、記号その他により、記載金額を計算することができる場合……計算により算出した金額

例）物品加工契約書　Ａ物品単価1,000円、数量10,000個　⇒第2号文書　記載金額1,000万円

(6)　第1号文書又は第2号文書で、見積書、注文書等（課税文書以外の文書）により契約金額若しくは単価、数量、記号などで当事者間において契約金額が明らかである場合又は計算できる場合……その明らかである金額、計算により算出した金額

　例）契約金額が明らかな場合……注文書記載の請負金額

　　「請負金額は貴注文書第××号のとおりとする。」と記載されて
　　いる工事請負に関する注文請書で、注文書に記載されている請負
　　金額が300万円　⇒第 2 号文書　記載金額300万円

　例）契約金額を計算できる場合……注文書記載の数量、単価を計算
　　により算出

　　「加工数量及び加工単価は貴注文書第××号のとおりとする。」
　　と記載されている物品の委託加工に関する注文請書で、注文書に
　　記載されている数量が 1 万個、単価が500円

　　　⇒第 2 号文書　記載金額500万円

(7)　**第17号の 1 文書であって、受け取る金額の記載のある支払通知
書、請求書その他これらに類する文書の名称、発行の日、記号、番
号その他の記載があることにより、当事者間において売上代金に係
る受取金額が明らかである場合**……その明らかである受取金額

　例）請負代金の受取書　○○㈱発行の支払通知書 NO. ××と記載
　　した受取書

　　　⇒第17号の 1 文書　支払通知書の記載金額

(8)　**記載金額が外国通貨により表示されている場合**……文書作成時の
本邦通貨に換算した金額（文書作成時の基準外国為替相場又は裁定
外国為替相場により換算）

　例）契約金額は10,000米ドルと記載したもの（令和○年 5 月作成文
　　書）

　　　⇒記載金額　105万円

　　※基準外国為替相場令和○年 5 月適用　 1 米ドルにつき本邦通
　　貨105円

　　　　　　　　　　　　　　（参考法令：通則 4 、基通23 ～ 25）

## Q10 軽減税率が適用される文書とは

不動産の譲渡契約書、建設工事の請負契約書について、印紙税の軽減措置が適用されていますが、内容について説明してください。

**A** 軽減措置の対象となる契約書は、以下のとおりです。

1 「不動産の譲渡に関する契約書」のうち、平成9年4月1日から令和6年3月31日までに作成される文書について、契約書の作成年月日及び記載された契約金額に応じて印紙税額が軽減されています。

2 「建設業法第2条第1項に規定する建設工事の請負に係る契約書」のうち、平成9年4月1日から令和6年3月31日までに作成される文書について、契約書の作成年月日及び記載された契約金額に応じて印紙税額が軽減されています。

解 説

軽減措置の範囲

(1) 平成26年4月1日から令和6年3月31日までの間に作成される契約書で、契約金額が10万円以下の不動産の譲渡に関する契約書及び契約金額が100万円以下の建設工事の請負に係る契約書は、軽減措置の適用はありません。

(2) 不動産の譲渡に関する契約書(第1号の1文書)

軽減措置の対象となる契約書は、第1号の1文書のうち、「不動産の譲渡に関する契約書」に限られていますので、鉱業権、無体財産権、船舶若しくは航空機又は営業の譲渡に関する契約書は、軽減税率の対象とはなりません。

(3) 請負に関する契約書(第2号文書)

　軽減措置の対象となるのは第2号文書のうち、建設業法第2条第1項に規定する建設工事の請負に係る契約書に基づき、作成される請負契約書とされています。

　したがって、建設工事に該当しない、建物の設計、建設機械等の保守、船舶の建造又は家具・機械等の製作等のみを定める契約書は、軽減税率の対象とはなりません。

（建設工事の種類（建設業法第2条第1項、同法別表））

> 　土木一式工事、建築一式工事、大工工事、左官工事、とび・土工・コンクリート工事、石工事、屋根工事、電気工事、管工事、タイル・れんが・ブロック工事、鋼構造物工事、鉄筋工事、ほ装工事、しゅんせつ工事、板金工事、ガラス工事、塗装工事、防水工事、内装仕上工事、機械器具設置工事、熱絶縁工事、電気通信工事、造園工事、さく井工事、建具工事、水道施設工事、消防施設工事、清掃施設工事、解体工事

　また、不動産の譲渡契約及び建設工事の請負契約については契約の成立を証明するために作成する文書が軽減税率の対象となりますので、文書の名称は問わず、変更契約書や補充契約書等も該当することとなります。

（軽減税率表）

| 契約金額 | | 本則税率 | 平成26年3月31日まで | 令和6年3月31日まで |
|---|---|---|---|---|
| 不動産譲渡契約書 | 建設工事請負契約書 | | | |
| 1万円未満 | | 非課税 | 非課税 | 非課税 |
| 1万円以上<br>10万円以下 | 1万円以上<br>100万円以下 | 200円 | 軽減税率適用なし | 軽減税率適用なし |
| 10万円超<br>50万円以下 | 100万円超<br>200万円以下 | 400円 | 軽減税率適用なし | 200円 |
| 50万超<br>100万円以下 | 200万円超<br>300万円以下 | 1,000円 | 軽減税率適用なし | 500円 |
| 100万円超<br>500万円以下 | 300万円超<br>500万円以下 | 2,000円 | 軽減税率適用なし | 1,000円 |
| 500万円超 | 1千万円以下 | 10,000円 | 軽減税率適用なし | 5,000円 |
| 1千万円超 | 5千万円以下 | 20,000円 | 15,000円 | 10,000円 |
| 5千万円超 | 1億円以下 | 60,000円 | 45,000円 | 30,000円 |
| 1億円超 | 5億円以下 | 100,000円 | 80,000円 | 60,000円 |
| 5億円超 | 10億円以下 | 200,000円 | 180,000円 | 160,000円 |
| 10億円超 | 50億円以下 | 400,000円 | 360,000円 | 320,000円 |
| 50億円超 | | 600,000円 | 540,000円 | 480,000円 |

# Q11 予定金額等が記載されている場合の記載金額

予定金額等が記載されている場合は、予定金額等を記載金額と判断するのでしょうか。

また、契約の一部についての契約金額等が記載されている場合はどうなりますか。

**A** 予定金額等などが記載されている場合は、その記載された予定金額、概算金額、最高金額又は最低金額等が、その文書の記載金額となります。

また、契約の一部が記載されている場合は、その記載された一部の契約金額が、その文書の記載金額となります。

---

解説

(1) 予定金額等が記載されている文書の記載金額の計算例

① 記載された契約金額等が予定金額又は概算金額である場合⇒その予定金額又は概算金額

| 例) | ・予定金額 | 250万円 | 記載金額 | 250万円 |
| | ・概算金額 | 250万円 | 記載金額 | 250万円 |
| | | 約250万円 | 記載金額 | 250万円 |

② 記載された契約金額等が最低金額又は最高金額のいずれか一方である場合⇒その最低金額又は最高金額

| 例) | ・最低金額 | 50万円 | 記載金額 | 50万円 |
| | ・最低金額 | 50万円以上 | 記載金額 | 50万円 |
| | ・最低金額 | 50万円超 | 記載金額 | 50万1円 |
| | ・最高金額 | 100万円 | 記載金額 | 100万円 |
| | ・最高金額 | 100万円未満 | 記載金額 | 99万9,999円 |

③　記載された契約金額等が最低金額と最高金額の両方である場合
⇒最低金額

例）・50万円〜 100万円まで　　　　　　記載金額　50万円

　　・50万円を超え100万円以下　　　　記載金額　50万1円

④　記載されている単価及び数量、記号等によりその記載金額が計算できる場合で、その単価及び数量等が、予定単価又は予定数量等となっている場合

　　⇒　①から③までの規定を準用して算出した金額

例）・予定単価１万円　予定数量100個　　記載金額100万円

　　・概算単価１万円　概算数量100個　　記載金額100万円

　　・予定単価１万円　最低数量100個　　記載金額100万円

　　・最高単価１万円　最高数量100個　　記載金額100万円

　　・単価１万円で50個から100個まで　記載金額50万円

⑵　契約の一部についての契約金額のみ記載されている場合⇒その記載金額

例）請負契約書に、「Ａ工事100万円。ただし、附帯工事については実費による。」と記載したもの⇒第２号文書　記載金額100万円

⑶　**手付金額又は内入金額が記載されている契約書の場合**⇒契約書に記載された金額であっても、契約金額とは認められない金額、例えば手付金額又は内入金額は、記載金額に該当しないものと取り扱われます。

　なお、契約書に100万円を超える手付金額又は内入金額の受領事実が記載されている場合には、通則３のイ又はハのただし書の規定によって第17号の１文書に該当するものがあります。

（参考法令：通則４、基通26 〜 28）

# Q12 変更契約の記載金額

契約金額を変更した際に作成した契約書の記載金額の取扱い
はどうなりますか。

A 変更契約書の記載金額は、変更前の契約金額等の記載のある
文書が作成されていることが明らかかどうか、また、契約書
における契約金額の記載方法によって、取扱いが違います。

| 解 説 |

(1) 変更契約書に、変更前の契約金額の記載されている契約書が作成
されていることが明らかであり、かつ、その変更契約書に変更金額
（変更前の契約金額と変更後の変更金額の差額、すなわち契約金額
の増減額）が記載されている場合（変更前の契約金額と変更後の契
約金額の双方が記載されていることにより変更金額を明らかにでき
る場合を含みます）。

※契約書が作成されていることが明らかとは、変更契約書に変更前
の契約書の名称、文書番号又は契約年月日等の変更前契約書を特
定できる事項の記載があること又は変更前契約書と変更契約書と
が一体として保管されていること等により、変更前契約書が作成
されていることが明らかな場合をいいます。

① 変更前の契約金額を増加させるものは、その増加額が記載金額
となります。

例）土地売買変更契約書

・令和〇年〇月〇日付土地売買契約書の売買金額1,000万円を
100万円増額すると記載した場合。

・令和〇年〇月〇日付土地売買契約書の売買金額1,000万円を

1,100万円に増額すると記載した場合。

　　　　⇒ともに記載金額100万円の第1号の1文書となります。

②　変更前の契約金額を減少させるものは、記載金額のないものと
なります。

　例）土地売買変更契約書

　　・令和〇年〇月〇日付土地売買契約書の売買金額1,000万円を
100万円減額すると記載した場合。

　　・令和〇年〇月〇日付土地売買契約書の売買金額1,000万円を
900万円に減額すると記載した場合。

　　　　⇒ともに記載金額のない第1号の1文書となります。

(2)　**変更前の契約金額が記載された契約書が作成されていることが明
らかでない場合**

①　変更後の記載金額が記載されているもの（変更前の契約金額と
変更金額の双方が記載されていることにより変更後の契約金額が
計算できるものも含まれます。）は、その変更後の契約金額が、
その文書の記載金額になります。

　例）土地売買変更契約書

　　・当初の売買金額1,000万円を100万円増額すると記載した場合
　　　⇒記載金額1,100万円の第1号の1文書となります。

　　・当初の売買金額1,000万円を100万円減額すると記載した場合
　　　⇒記載金額900万円の第1号の1文書となります。

②　変更金額のみが記載されている場合は、変更金額が記載金額と
なります。

　例）土地売買変更契約書

　　・当初の売買金額を100万円増額すると記載した場合
　　・当初の売買金額を100万円減額すると記載した場合
　　　⇒ともに記載金額100万円の第1号の1文書となります。

(3) 自動更新の定めがある契約書で、自動更新後の期間について、契約金額を変更する場合

　更新前の契約書は「変更前の契約金額が記載された契約書」には当たらないため、(2)と同様に変更後の契約金額が、その文書の記載金額となります。

参　考

◆基通29（月単位等で契約金額を定めている契約書の記載金額）

　月単位等で金額を定めている契約書で、契約期間の記載があるものは当該金額に契約期間の月数等を乗じて算出した金額を記載金額とし、契約期間の記載のないものは記載金額がないものとして取り扱う。

　なお、契約期間の更新の定めがあるものについては、更新前の期間のみを算出の根基とし、更新後の期間は含まないものとする。

　例）ビル清掃請負契約書において、「清掃料は月10万円、契約期間は1年とするが、当事者異議なきときは更に1年延長する。」と記載したもの

　　　　記載金額120万円（10万円×12月）の第2号文書

　　　　　　　　　　　（参考法令：通則4、基通29、30）

# Q13 消費税額等が区分記載された場合の印紙税の記載金額

消費税額等が区分記載された場合の印紙税の記載金額はどうなりますか。

**A** 消費税額等が区分記載されている場合、又は税込価格及び税抜価格が区分記載されていることにより、その取引に当たって課されるべき消費税額等が明らかである場合には、消費税額等は記載金額に含めないこととされています。

解説

※消費税率等が10%の場合

(1) **契約金額と消費税額等が区分記載されている場合**⇒契約金額が記載金額となります。

(例1)

| 請負契約書 | |
|---|---|
| 請 負 金 額 | 10,000,000 円 |
| 消費税額等 | 1,000,000 円 |
| 合 計 額 | 11,000,000 円 |

(例2)

| 請負契約書 | |
|---|---|
| 請負金額 | 11,000,000 円 |
| (消費税額等 | 1,000,000 円を |
| | 含む。) |

⇒ともに消費税額等が区分記載されているため、記載金額10,000,000円の第2号文書となります。

(2) **税込金額と税抜金額が記載されている場合**⇒税抜金額が記載金額となります。

（例3）

```
          請負契約書
   請負金額   11,000,000 円
   （税抜金額  10,000,000 円）
```

（例4）

```
          請負契約書
   請負金額   11,000,000 円
   （税抜金額  10,000,000 円
    消費税額等 1,000,000 円）
```

⇒ともに税抜金額が記載されているため、記載金額10,000,000円の第2号文書となります。

(3) **契約金額と消費税額等が区分記載されていない場合**⇒契約金額と消費税額等の金額の合計が記載金額となります。

（例5）

```
          請負契約書
   請負金額   11,000,000 円
   （消費税額等込み）
```

⇒消費税額等が区分記載されていないため、記載金額は消費税額等を含んだ11,000,000円の第2号文書となります。

(4) **消費税額等を区分記載した後に一括値引きした場合**⇒値引き後の金額が記載金額となります。

（例6）

```
          請負契約書
   請負金額   10,000,000 円
   消費税額等   1,000,000 円
   合　　計　 11,000,000 円
   値 引 き   1,000,000 円
   差引請負金額 10,000,000 円
```

⇒記載金額10,000,000円の第2号文書となります。

（例7）

```
          請負契約書
   請負金額   10,000,000 円
   消費税額等   1,000,000 円
   合　　計　 11,000,000 円
   値 引 き   1,000,000 円
   差引請負金額 10,000,000 円
   （消費税額等909,090円を含む）
```

⇒記載金額9,090,910円の第2号文書となります。

## 参 考

・消費税額等の金額のみが記載された金銭又は有価証券の受取書については記載金額のない第17号の2文書と取り扱われ、一律200円の定額税率が適用となります。ただし、受領した消費税額等が5万円未満の場合は、非課税文書に該当します。

・「無償」又は「0円」と記載された契約書等については、その契約書等には記載金額等が記載されたことにはなりません。例えば第1号文書の場合、1万円未満であれば非課税ですが、この適用はないこととなり、記載金額のない契約書として、一律200円の印紙の貼付が必要になります。

　なお、修理、加工等の代金が無料であって、金額欄に「無償」又は「0円」と記載した契約は、修理加工等の仕事の完成に対して報酬が支払われるものではないため、請負契約には該当しません。

　したがって、第2号文書には該当しないこととなります。

（参考法令：消費税法の改正等に伴う印紙税の取扱いについて、基通35）

# Q14 課税文書の納税義務者等

課税文書の納税義務者は誰ですか。また、印紙税はいつの時点で納付することになりますか。

**A** 印紙税は、課税文書を作成した時に納税義務が発生し、その文書の作成者が納税義務を負うこととなります。

解 説

(1) **課税文書の作成者とは**……原則として文書に記載された作成名義人ですが、法人の役員等の名において法人などの業務又は財産に関して契約書を作成する場合があります。この場合は、役員等が作成名義人となっていたとしても、その法人などが作成者となります。

また、委任に基づく代理人が作成する場合の取扱いは次のとおりです。

① 代理人名義で作成する文書は、その文書に委任者の名称が表示されていても、代理人が作成者となります。

② 委任者の名義のみが表示されている文書は、その委任者が作成者となります。

(2) **共同作成者の連帯納税義務**……契約書等の場合、一の文書に2以上の者が共同作成した場合は、その課税文書について、連帯して印紙税を納める義務があります。この場合、そのうちの1人がその課税文書に係る印紙税を納めた場合は、他の者の納税義務は消滅します。

(3) **課税文書の作成とは**

印紙税の納税義務は課税文書を作成した時に成立します。この場合、課税文書の作成とは、課税文書に課税事項を記載して、その文

書の目的に従って行使することをいいます。

| 区　　　　分 | 作成の時とは |
|---|---|
| 相手方に交付する目的で作成される課税文書 | 交付の時 |
| 契約当事者の意思で合致を証明する目的で作成される課税文書 | 証明の時 |
| 一定事項の付込みを証明することを目的として作成される課税文書 | 最初の付込みの時 |
| 認証を受けることにより効力が生ずることとなる課税文書 | 認証の時 |
| 第5号文書のうち新設分割計画書 | 本店に備え置く時 |

（参考法令：法3、通則法15、基通42 ～ 47）

# Q15 納税地とは

収入印紙により納付する課税文書の納税地について説明して
ください。

**A** 収入印紙により納付する課税文書の納税地は、課税文書の作
成場所が明らかにされている場合には、その作成場所が納税
地となります。

| 解 説

① 作成場所が明らかにされている課税文書 ⇒その作成場所

  例）○ 「作成地　東京都中央区新富」

  　　× 「作成地　東京都」（いずれの税務署の管轄か不明）

② 作成場所が明らかにされていない課税文書

  イ　相手方に交付する目的で作成する課税文書

  作成者の事務所等の所在地が記載されている場合

  ・住所・本店所在地あるいは、事務所等の所在地のみが記載さ
  れている場合……記載された住所・本店所在地あるいは事務
  所等の所在地

  ・住所・本店所在地と事務所等の所在地が記載されていて、事
  務所等を作成場所と特定できる場合……記載された事務所等
  の所在地

  作成者の事務所等の所在地が記載されていない場合……住
  所・本店所在地

  ロ　2以上の者が共同して作成した課税文書

  ・その作成者が所持している課税文書……所持している場所

  ・その作成者以外の者が所持している課税文書……その作成者
  のうち、その課税文書に最も先に記載されている者の所在地

# Q16 印紙税の納付方法

印紙税の納付方法にはどのような方法がありますか。

A 収入印紙による納付が原則となっていますが、特例として税印押なつ、印紙税納付計器、書式表示等による納付があります。

解 説

(1) **収入印紙による納付**……課税文書の作成の時までに、課税文書に収入印紙を貼り付け、その文書と収入印紙の彩紋とにかけて、消印をすることにより納付する方法です。

(2) **税印押なつによる納付**……税印押なつ機が設置してある税務署（全国で118署）で、印紙を貼り付けることに代えて、事前に金銭を納付のうえ、税印を押すことにより納付する方法です。

 直径　40ミリメートル

(3) **印紙税納付計器の使用による納付**……印紙税納付計器を設置しようとする場所の所在地の所轄税務署長の承認を受けた後、あらかじめ納付した金額を限度として、印紙を貼り付けることに代えて、印紙税納付計器により納付印を押すことにより納付する方法です。

 縦　26ミリメートル
横　22ミリメートル

(4) **書式表示による申告納付**……領収書等毎月継続して多量に作成されるものなどは、一定の条件のもと課税文書を作成しようとする場所の所在地の所轄税務署長の承認を受けて、金銭でその文書に係る印紙税を納付する方法です。

　その際には課税文書に一定の表示をすること、また、課税文書を作成した翌月末日を期限として納税申告書を税務署に提出し、納付することとなります。

縦　17 ミリメートル以上
横　15 ミリメートル以上

(5) **預貯金通帳等に係る一括納付による納付**……特定の預貯金通帳等を作成しようとする場所の所在地の所轄税務署長の承認を受けて、金銭でその預金通帳等に係る印紙税を一括して納付する方法です。

　承認を受けようとする課税期間（4月1日から翌年3月31日までの期間）の開始前に承認を受ければ（承認申請書は3月15日までに提出）、その承認の日以後の各課税期間内に作成する預貯金通帳等について、一括納付の特例が適用されます。

　ただし、承認内容に変更があった場合には、改めて承認を受ける必要があります。

（参考法令：法8 ～ 12、令5 ～ 12、規則2 ～ 4、基通63 ～ 106）

# Q17 印紙税の課否判定における考え方

印紙税の課否判定の方法を教えてください。

A 次の順序で判定します。

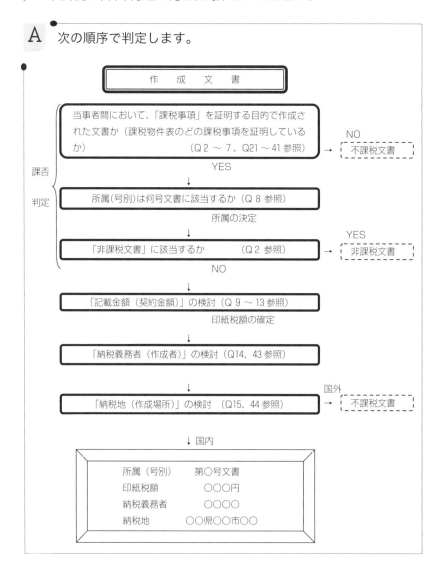

作 成 文 書

課否判定

当事者間において、「課税事項」を証明する目的で作成された文書か（課税物件表のどの課税事項を証明しているか）　　　　　（Q2 ～ 7、Q21 ～ 41 参照）　→　NO　不課税文書

YES
↓

所属(号別)は何号文書に該当するか（Q8 参照）

所属の決定
↓

「非課税文書」に該当するか　　　（Q2 参照）　→　YES　非課税文書

NO
↓

「記載金額（契約金額）」の検討（Q9 ～ 13 参照）

印紙税額の確定
↓

「納税義務者（作成者）」の検討（Q14、43 参照）

↓

「納税地（作成場所）」の検討　（Q15、44 参照）　→　国外　不課税文書

↓ 国内

所属（号別）　第○号文書
印紙税額　　　○○○円
納税義務者　　○○○○
納税地　　　　○○県○○市○○

# Q18 印紙税の還付等

課税文書に誤って過大な収入印紙を貼付してしまいました。この場合、何か救済措置はあるのでしょうか。

A 「印紙税過誤納確認申請書」を印紙を貼付した日から5年以内に、納税地の所轄税務署長に提出することで、後日、銀行口座振込あるいは郵便局を通して過大分の還付を受けることができます。

なお、申請の際には、過誤納となっている文書の原本を提示することになります。

## 解 説

印紙税の還付が受けられる場合は以下のとおりです。

(1) 印紙税の納付の必要のない不課税文書や非課税文書に誤って印紙を貼り付け又は納付印を押印した場合。

例）委任状（不課税文書）に印紙を貼付し、消印をした。

(2) 本来貼付すべき印紙税額よりも多く印紙を貼付してしまった場合。

例）軽減税率が適用される不動産売買契約書に誤って本則どおりの印紙を貼付した。

(3) 契約書作成時に印紙を貼付したが、作成途中で損傷、汚染、書損等により、使用する見込みのなくなった場合で、契約書として成立していない場合。

例）・共同作成である契約書………相手方の署名押印がない文書

・相手方に交付する文書………相手方に交付する前の文書

※印紙税は文書の作成の時（契約書は署名押印の時）に、納税義務が発生し、その時に印紙税を納付することとされています。

したがって、すでに納税義務が生じた課税文書については、後日、変更等により新たに作り直したというような場合であっても、作り直す前の課税文書については、過誤納確認の申請はできません。

(4) その他

収入印紙による納付以外の過誤納金の還付

・税印を押し、又は納付印を押した課税文書で納付した金額が相当金額を超える場合

・税印による納付の特例、印紙税納付計器の使用による納付の特例、書式表示による申告及び納付の特例、又は預貯金通帳等に係る申告及び納付の特例の適用を受けた課税文書について、これらに定められている納付の方法以外の方法によって相当金額の印紙税を納付した場合

・税印による納付の特例を受けるために印紙税を納付した場合において、税印の請求をしなかったとき、又は請求が棄却されたとき

・印紙税納付計器の設置者が、交付を受けた課税文書に納付印を押すことについての承認を受けないで、交付を受けた課税文書に納付印を押した場合

・印紙税納付計器の使用による納付計器の特例を受けるため印紙税を納付した場合において、印紙税納付計器の設置の廃止その他の理由により印紙税納付計器を使用しなくなったとき

(参考法令：法14、令14、基通115 〜 119)

## 印紙税過誤納確認申請書の書き方

[記載例]

### 印紙税過誤納確認申請（兼充当請求）書

GL2016

提出用

☑ 印紙税法施行令第14条第1項の規定により過誤納の確認を申請します。
☐ 印紙税法施行令第14条第4項の規定により過誤納の確認と充当を請求します。

整理番号 ☐☐☐☐☐☐☐

税務署受付印

| 申請者・請求者 | 住所 | 〒○○○-○○○○ 神奈川県横浜市西区○○○○ | 電話 ○○○-○○○-○○○ 号番 |
|---|---|---|---|

（フリガナ）○○○○フドウサンカブシキガイシャ
氏名又は名称及び代表者氏名 ○○不動産株式会社　代表取締役　○○　○○

令和○年○月○日

○○税務署長 殿

個人番号又は法人番号 ×××××××××××× （フリガナ）同上代理人

| 区分 | 文書の名称又は呼称 | 納付税額 | 過誤納となった理由 | 返却要否 |
|---|---|---|---|---|
| 号別 納付年月日 数量 | 過誤納税額 | | |
| ① 不動産売買契約書 | | ☑書損等 ☐納付額超過 ☐その他 | |
| 1 1 X X年X X月X X日　1 | 1 0 0 0 0 円 | | |
| ① 領収書 | | ☑書損等 ☐納付額超過 ☐その他 | |
| 1 7 1 X X年X X月X X日　5 | 1 0 0 0 円 | | |
| | | ☐書損等 ☐納付額超過 ☐その他 | |
| ③ | | ☐書損等 ☐納付額超過 ☐その他 | |
| ④ | | ☐書損等 ☐納付額超過 ☐その他 | |
| 合計（数量及び過誤納税額）　6 | 1 1 0 0 0 円 | | |
| 充当請求金額 | | | |
| 還付金額 | 1 1 0 0 0 円 | | |

参考事項

還付を受けようとする金融機関

普通　×××××××

※ 上記の過誤納の事実のとおり令和　年　月　日確認し（充当請求金額については同日請求のとおり充当し）ました。
なお、還付金額は、他に未納の国税等がない場合に右記お申し出の方法により還付することになりますので、後日、改めてお知らせします。

第 ☐☐☐☐ 号

令和 ☐☐ 年 ☐☐ 月 ☐☐ 日

税務署長

CC2-3721

「※」欄及び「税務署整理欄」は、記載しないでください。

《申請時の留意点》

・収入印紙を貼付した文書の提出先は、文書の納税地を管轄する税務署に提出します。
・過誤納となった文書の原本の提示が必要です。
・還付金の振込先は申請者本人名義の口座への振込となります。

## Q19 収入印紙の交換制度

購入した収入印紙が不要となりました。未使用の収入印紙について交換制度があると聞きましたがどのような制度ですか。

A き損・汚染していない未使用の収入印紙は、郵便局において、交換手数料を支払って、他の収入印紙と交換することができます。

解 説

金額の異なる収入印紙を誤って購入してしまった場合など、購入した収入印紙が不要となった場合は、郵便局おいて他の印紙に交換することができる制度が設けられています。

その場合、切手と同じように郵便局の窓口において、交換手数料（交換しようとする収入印紙1枚当たり5円）を支払い、他の印紙と交換することとなります。

また、文書等に貼り付けた収入印紙の交換を郵便局に請求するため、その収入印紙の貼り付けが印紙税の納付のためにされたものではないことの確認を受けようとする場合には、「印紙税法第14条不適用確認請求書」と確認を受けようとする文書を、最寄りの所轄税務署長に提出し、確認を受けることになります。

なお、税務署においては、文書に貼り付けられていない未収用の収入印紙を持参しても還付の対象にはなりませんので留意してください。

（参考法令：印紙をもって歳入金納付に関する法律第3条第6項、
収入印紙及び自動車重量税印紙の売りさばきに関する
省令第8条、9条）

# Q20 過怠税について

　印紙税がかかる文書に収入印紙を貼らないで得意先に交付してしまいました。その場合、3倍の過怠税が徴収されると聞きましたが、過怠税とはどのような内容ですか。

**A**　収入印紙を貼り付ける方法によって印紙税を納付することとなる文書に、作成の時までに納付しなかった場合には、納付しなかった印紙税の額とその2倍に相当する金額の合計額（印紙税額の3倍）に相当する過怠税が徴収されることとなります。

　なお、税務調査等により過怠税の決定があることを予知されたものでない場合で、作成者が自主的に納付していない旨の申出（不納付事実の申出）を行った場合は、納付しなかった印紙税の額とその10％に相当する額の合計額（印紙税額の1.1倍）となります。

| 解 説

　過怠税は次の3種類に分けられますが、ともに全額が法人税の損金や所得税の必要経費には算入されません。

(1)　**作成の時までに納付しなかった場合**……納付しなかった印紙税の額とその2倍に相当する額の合計額（印紙税額の3倍）に相当する過怠税が徴収されます。

(2)　**税務調査等により過怠税の決定があることを予知されたものではない場合で、作成者が自主的に納付していない旨の申出を行った場合**……納付しなかった印紙税額とその10％に相当する額の合計額（印紙税額の1.1倍）に相当する過怠税に軽減されます。

(3)　**貼り付けた収入印紙に消印をしなかった場合**……消印されていない収入印紙の額面金額と同額の過怠税が徴収されます。

（参考法令：法20、令19）

# Q21 課税物件表の解説① （第1号文書）

第1号文書の内容について説明してください。

A 第1号文書は次の4項目に分類されています。

第1号の1文書……不動産、鉱業権、無体財産権、船舶若しくは航空機又は営業の譲渡に関する契約書

第1号の2文書……地上権又は土地の賃借権の設定又は譲渡に関する契約書

第1号の3文書……消費貸借に関する契約書

第1号の4文書……運送に関する契約書

各々の内容については、解説のとおりです。

解説

【第1号の1文書】

**不動産とは**……土地及び土地の定着物をいい、このほか、法律の規定により不動産とみなされるもの並びに鉄道財団、軌道財団及び自動車交通事業財団が含まれます。

**無体財産権とは**……特許権、実用新案権、商標権、意匠権、回路配置利用権、育成者権、商号及び著作権をいいます。

※一般的に無体財産権とは、物権及び債権を除いたところの財産権として用いられていますが、印紙税法上では上記の8種類に限って無体財産権とされています。

**船舶とは**……船舶法第5条に規定する船舶原簿に登録を要する総トン数20トン以上の船舶及びこれに類する外国籍の船舶をいいます。その他の船舶は物品として取り扱います。

営業の譲渡とは……営業活動を構成している動産、不動産、債権、
　　　　　　　　債務等を包括した一体的な権利、財産としてとらえる
　　　　　　　　営業の譲渡をいい、その一部の譲渡も含まれます。
　　　　　　　　※営業譲渡契約書の記載金額は、その組織体を構成し
　　　　　　　　　ている動産、不動産の個々の金額をいうのではな
　　　　　　　　　く、その組織体を譲渡することについて対価として
　　　　　　　　　支払われるべき金額をいいます。

【第 1 号の 2 文書】

地上権とは……他人の土地において、工作物又は竹木を所有するな
　　　　　　どのために、その土地（地下又は空間を含みます。）
　　　　　　を使用することを目的とする物権をいい、民法第265
　　　　　　条に規定されています。

土地の賃借権とは……民法第601条に規定する土地の賃貸借契約に
　　　　　　より設定される権利で、賃借人が賃貸人の土地（地下
　　　　　　又は空間を含みます。）を使用収益することを内容と
　　　　　　するものをいいます。

地上権、賃借権、使用貸借権の区分……地上権であるか土地の賃借
　　　　　　権又は使用貸借権であるかが判明しないものは、土地
　　　　　　の賃借権又は使用貸借権として取り扱います。

　　　　　　　なお、土地の賃借権と使用貸借権との区分は、土地
　　　　　　を使用収益することについてその対価を支払わないこ
　　　　　　ととしている場合が土地の使用貸借権となります。し
　　　　　　たがって、土地の使用貸借権の設定に関する契約書
　　　　　　は、第 1 号の 2 文書（土地の賃借権の設定に関する
　　　　　　契約書）には該当せず、使用貸借に関する契約書に該
　　　　　　当し、課税文書に当たらないこととなります。

【第 1 号の 3 文書】

消費貸借とは……民法第587条に規定する消費貸借をいい、当事者

の一方（借主）が、相手方（貸主）から金銭その他の代替性のある物を受け取り、これと同種、同等、同量の物を返還する契約をいいます。

　また、印紙税法上、消費貸借には民法第588条に規定する準消費貸借契約書が含まれます。

【第1号の4文書】

　運送とは……委託により、当事者の一方（運送人）が物品又は旅客の場所的移動をする契約をいいます。

　傭船契約とは……船舶又は航空機の全部又は一部を貸し切り、これにより人又は物品を運送することを約する契約で、次のいずれかに該当するものをいいます。

⑴　船舶又は航空機の占有がその所有者等に属し、所有者等自ら船舶又は航空機を運送の用に使用するもの。

⑵　船長又は機長その他の乗務員等の選任又は航海等の費用の負担が所有者等に属するもの。

（参考法令：課税物件表、基通別表1　第1号の1文書～第1号の4文書）

# Q22 贈与契約書

土地を贈与するに当たり、贈与契約書を作成する予定ですが、印紙税の取扱いはどうなりますか。

---

贈与契約書

　贈与者○○○○（以下「甲」という。）と受贈者○○○○（以下「乙」という。）との間において下記のとおり贈与契約を締結する。

第1条　甲は乙に対して、下記の土地を贈与することを約し、乙はこれを受諾した。

第2条　土地所在地：東京都町田市○○町○○番地　○○○㎡

第3条　土地評価額（令和○年○月○日）　30,000,000円

＜　中　略　＞

贈与者（甲）：東京都町田市○○町○-○-○　　　贈与一郎　㊞

受贈者（乙）：神奈川県相模原市中央区共和○-○-○　受贈二郎　㊞

---

**A** 記載金額のない第1号の1文書（不動産の譲渡に関する契約書）に該当し、印紙税額は200円となります。

|解　説|

　贈与契約とは、贈与者が自己の財産を無償で受贈者に与える（譲渡する）契約であり、課税文書に該当するかどうかについては、贈与する目的物によって異なります。

(1) 不動産を贈与する場合

　　土地の贈与については、土地の移転することを内容とするため、その贈与契約書は第1号の1文書に該当します。

(2) 金銭、有価証券又は物品を贈与する場合

金銭、有価証券の譲渡は印紙税法における課税事項にはあたりません。また、物品の譲渡については平成元年4月1日より課税文書から除かれています。

⑶　売掛債権等の債権を贈与する場合

　　売掛債権の譲渡にあたるため、その契約書は第15号文書（債権譲渡に関する契約書）に該当します。

⑷　特許権等の無体財産権を贈与する場合

　　特許権等の無体財産権の譲渡にあたるため、その契約書は第1号の1文書（無体財産権の譲渡に関する契約書）に該当します。

　　　　　　　　　　（参考法令：課税物件表、基通23⑴ホ（注））

## Q23 建設協力金、保証金の受入れの ある賃貸借契約書

貸ビル等の賃貸借契約に伴って「建設協力金」や「保証金」を支払う場合がありますが、この場合の印紙税の取扱いはどうなりますか。

A 貸しビル等の賃貸借契約に際して「建設協力金」や「保証金」を授受する場合には第1号の3文書（消費貸借に関する契約書）に該当する場合があります。

| 解 説

貸ビル等の賃貸借契約に際して授受される金銭のうち、敷金のように賃貸料債権等を担保とするものは消費貸借契約には当たりません。

保証金に関しても一般的に、敷金のように賃貸料債権等を担保する目的ではありますが、賃貸借契約とは関係なく、契約終了前に返還することとされているものや、契約期間終了後においても返還を保留するようなものは一定の債務を担保するものとは認められません。このような場合には、保証金という名目であっても、消費貸借の目的とするものと判断されることとなります。

また、建設協力金は、賃貸ビル等を建設するにあたって建設資金の調達の方法として、入居希望者等から資金提供を受けようとするものであり、消費貸借といえます。

したがって、建設協力金や保証金等として一定の金額を受領した場合に、賃貸借契約期間などに関係なく、賃貸借契約の終了前に賃借人に返還することとなっているものや一定期間据置き後に返還することを約している文書は、消費貸借に関する契約書に該当します。

（参考法令：課税物件表、基通別表1　第1号の3文書）

# Q24 借入金の受取書

取引先から事業資金として50万円借用し、借入金の受取書を作成しましたが、何号文書に該当しますか。

---

令和○年○月○日

受　取　書

○○○○様

　　　金 50 万円也

上記金額を受け取りました。

返済期日：令和○年○月○日までに返済いたします。

返済方法：持参払い

利　　率：年○○%

○○市○○区○○　　○○商店　品川一郎　㊞

---

**A** 記載金額50万円の第 1 号の 3 文書（消費貸借に関する契約書）に該当し、 印紙税は400円となります。

解　説

　この文書は、借入金の受領事実を証明するために作成するものであるため、金銭の受取書に該当し、第17号の 2 文書（売上代金以外の受取書）に該当します。

　また、受取書という標題ではありますが、返済期日、返済方法、利率の記載があり、借用書であることが明らかで、第 1 号の 3 文書にも該当することとなり、通則 3 の規定により第 1 号の 3 文書（消費貸借に関する契約書）として取り扱われます。

　ただし、別に「金銭消費貸借契約書」が作成されている場合は、契

約内容の確認にすぎませんので、第1号の3文書（消費貸借に関する契約書）には該当せず、第17号の2文書（売上代金以外の金銭の受取書）に該当します。

| 参 考

　金銭、その他の代替物を借り入れて、その所有権を取得し消費した後に、同種同等の物を返還する契約⇒第1号の3文書

　借り入れた物そのものを返還するもの⇒不課税文書（賃貸借に関する契約書）

　（参考法令：課税物件表、通則3、基通別表1　第1号の3文書）

## Q25 会社と従業員との間で作成する金銭借用証書等

　当社は従業員へ福利厚生の一環として金銭の貸付けを行っています。

　貸付けに際して、従業員から⑴「借入申込書」を提出してもらい、審査を経て、貸付が認められた場合には、⑵「金銭借用証書」を従業員から提出してもらいます。また、貸付金の実行時には借入金受領の証として、その従業員から⑶「受取書」の交付を受けますが、この貸付けに際しての⑴〜⑶の文書は課税文書に該当しますか。

⑴　借入申込書

---

　　　　　　　　　　　　　　　　　　　　　　　令和〇年〇月×日

　　　　　　　　　　　借　入　申　込　書

〇〇株式会社
　代表取締役　〇〇〇〇殿

　　　　　　　　　　　　　　　　申込者　　〇〇事業部
　　　　　　　　　　　　　　　　　　　　　〇〇〇〇　㊞

　下記のとおり、借入したいので、申込みをいたします。

1．申込金額　　Ｘ,000,000 円
2．用　　途　　電化製品購入資金
3．連帯保証人　　住　所　　横浜市中区〇〇町〇〇
　　　　　　　　　氏　名　　〇〇〇〇　㊞

---

## (2) 金銭借用証書

令和〇年〇月〇日

金 銭 借 用 証 書

〇〇株式会社

代表取締役　〇〇〇〇殿

借受人　　〇〇事業部

〇〇〇〇　㊞

下記金額を借用いたしました。

1. 借入金額　X,000,000 円
2. 用　　途　電化製品購入資金
3. 連帯保証人　　住　所　　横浜市中区〇〇町〇〇

氏　名　　　　〇〇〇〇　㊞

（ 以 下 省 略 ）

## (3) 受取書

令和〇年〇月〇日

受 取 書

〇〇株式会社

代表取締役　〇〇〇〇殿

金　X,000,000 円

上記、借入金を受領いたしました。

〇〇事業部

〇〇〇〇　㊞

**A** (1)「借入申込書」は第13号文書（債務の保証に関する契約書）、(2)「金銭借用書」は第1号の3文書（消費貸借に関する契約書）、(3)「受取書」については、非課税文書に該当します。

| 解 説

(1) 「借入申込書」は、単なる申込書であり、金銭消費貸借契約の成立を証明するものではないため、第1号の3文書（消費貸借に関する契約書）には当たりませんが、これに併記した連帯保証人の事項は、保証人となることを承認した者がその事実を証明するものであり第13号文書（債務の保証に関する契約書）に該当します。

(2) 「金銭借用証書」は、借主である従業員が金銭を借り入れる際に、借入金額等を記載して貸主に差し入れる文書ですので、第1号の3文書に該当します。

(3) 従業員が作成する「受取書」については、従業員は給与所得者であり、印紙税法上の「営業者」には該当せず、第17号文書（金銭の受取書）非課税規定の営業に関しない受取書に該当し、非課税文書となります。

　同一法人のように同一人格の部内で事務の整理上作成される文書は、第3号文書（約束手形、為替手形）及び第9号文書（貨物引換証、倉庫証券、船荷証券）を除いて課税文書には当たりません。
　しかし、会社と従業員との間で作成される文書は、それぞれ独立した人格を有する者の間であることから、事例の文書は同一法人内で作成する文書には当たりません。

　　　（参考法令：課税物件表、基通59、基通別表1　第13号文書）

# Q26 課税物件表の解説② （第2号文書）

第2号文書の内容について説明してください。

A 請負とは、民法632条に規定する「請負」のことをいい、当事者の一方がある仕事の完成を約し、相手方がその仕事の結果に対して報酬を支払うことを約することを内容とする契約です。
　また、完成すべき仕事の結果は有形、無形は問いません。

解説

(1) **請負と委任の違い**

　「委任」とは民法643条に規定されており、当事者の一方が相手方に財産の売買、賃貸借などの法律行為を委託し、相手方がこれを承諾することによって成立する契約をいいます。

・請負は仕事の完成が目的で委任は一定の目的に従って事務処理すること自体が目的であり、必ずしも仕事の完成を目的とはしていません。

・請負契約は、請負人はその仕事を完成させなければ債務不履行責任を負うこととなりますが、委任契約においては、目的にしたがって「善良なる管理者の注意」をもって委任事務を処理している限りにおいては、債務不履行責任を負うことはありません。

　委任契約は平成元年の印紙税法改正により、課税物件から削除され不課税文書として取り扱われています。請負契約に該当し課税文書に当たるか、委任契約として不課税文書に当たるか課否判定が困難な場合も少なくなく、税務調査においても指摘されるところですので注意が必要です。

(2) **請負と売買の違い**

請負契約の課否判定を行う上において、請負に関する契約書か不課税文書である物品の譲渡に関する契約書又は第1号の1文書の不動産の譲渡に関する契約書に該当するのか、判断に迷う場合があります。

　請負契約か売買契約かは、契約当事者の意思が、仕事の完成に重きを置いているか、物の所有移転に重きをおいているかによって判断されます。

判断が困難な場合には、基本通達では以下の基準により判断することとされています。

① **請負契約書に該当する場合**
・注文者の指示に基づき一定の仕様又は規格等に従い、製作者の労務により工作物を建設することを内容とするもの
　　例）家屋の建築、道路の建設、橋りょうの架設
・注文者が材料の全部又は主要部分を提供し、（有償であると無償であるとを問わない。）製作者がこれによって一定物品を製作することを内容とするもの
　　例）生地提供の洋服仕立て、材料支給による物品の製作
・製作者の材料を用いて注文者の設計又は指示した規格に従い一定物品を製作することを内容とするもの
　　例）船舶、車両、機械、家具等の製作、洋服等の仕立て
・一定の物品を一定の場所に取り付けることにより所有権を移転することを内容とするもの
　　例）大型機械の取付け
・修理又は加工することを内容とするもの
　　例）建物、機械の修繕、塗装、物品の加工
② **物品の譲渡契約書又は不動産の譲渡契約書に該当するもの**
・製作者が工作物をあらかじめ一定の規格に従い工作物を建設し、供給することを内容とするもの

例）建売住宅の供給（不動産の譲渡に関する契約書）

・取付け行為が簡単で、特別の技術を要しないもの

例）家庭用電気器具の取付け（物品の譲渡に関する契約書）

| 参 考 |

◆基通別表 1 第 2 号文書13（エレベーター保守契約書）

ビルディング等のエレベーターを常に安全に運転できるような状態に保ち、これに対して一定の金額を支払うことを約するエレベーター保守契約書又はビルディングの清掃を行い、これに対して一定の金額を支払うことを約する清掃請負契約書等は、その内容により第 2 号文書（請負に関する契約書）又は第 7 号文書(継続的取引の基本となる契約書)に該当する。

◆基通別表第 1 第 2 号文書15（仮工事請負契約書）

地方公共団体が工事請負契約を締結するに当たっては、地方公共団体の議会を経なければならないとされているため、その議決前に仮工事契約書を作成することとしている場合における当該契約書は、当該議会の議決によって成立すべきこととされているものであっても、第 2 号文書（請負に関する契約書）に該当する。

◆基通別表第 1 第 2 号文書17（税理士委嘱契約書）

税理士委嘱契約書は、委任に関する契約書に該当するから課税文書に当たらないのであるが、税務署類等の作成を目的とし、これに対して一定の金額を支払うことを約した契約書は、第 2 号文書（請負に関する契約書）に該当するのであるから留意する。

（参考法令：課税物件表、基通別表 1 第 2 号文書）

# Q27 請負契約書

　当社と清掃業者との間で、自社ビルの清掃契約を結ぶ予定ですが、契約書の作成方法によっては第2号文書あるいは、第7号文書に該当する場合があると聞きました。次の文書は何号文書に該当しますか。

（原契約）

---

令和X1年 3 月15日

清掃業務委託契約書

　〇〇株式会社（以下「甲」という。）と〇〇清掃株式会社（以下「乙」という。）は、業務請負に関して基本事項を定めるため、次条のとおり基本契約を締結する。

第 1 条（本契約の目的）
　　・〇〇株式会社本社ビルの日常及び定期清掃業務

第 2 条（請負金額）
　　・月額清掃料は 100 万円（税抜き）とする。

（中　　　略）

第10条（契約期間）
　　・契約期間は令和X1年 4 月 1 日〜令和X2年 3 月31日とする。
　　　ただし、有効期限満了の 2 か月前に甲、乙いずれからも何らの意思表示がない場合は、本契約は 1 年間自動的に延長され、その後も同様とする。

（以　下　省　略）

---

**A**　報酬を得て清掃を行う場合は請負契約に該当します。したがって、第2号文書に該当します。

　また、営業者間において、清掃業務を継続的に行うことを約する契約であり、業務の範囲、請負月額単価を定めているため第7号文書にも該当します。

　この場合、月額清掃料100万円（税抜き）、契約期間は1年間で記載金額が1,200万円と計算できることから、通則3のイの規定により第2号文書（請負に関する契約書）となります。

解　説

　事例における原契約の月額清掃料を変更する際に作成する場合は、次のとおりとなります。（原契約：月額清掃料100万円、契約期間令和X1年4月1日～令和X2年3月31日）

⑴　覚書（変更契約）に月額清掃料と変更の開始日の記載

　　例）1　令和X1年3月15日付清掃業務委託契約書の月額清掃料を令和X2年4月1日～ 150万円とする。

　　　　2　令和X1年3月15日付清掃業務委託契約書の月額清掃料を令和X2年4月1日～ 70万円とする。

　この場合、覚書には契約期間が記載されていないため、契約金額の計算ができず、通則3のイにより、第7号文書となります。

⑵　原契約で定められた期間内で、増額変更金額及び変更契約期間を記載

　　例）令和X1年3月15日付清掃業務委託契約書の月額清掃料100万円を令和X1年11月1日～令和X2年3月31日まで120万円とする。

この場合、契約金額の計算ができるため、通則 4 の二の規定により記載金額 100 万円の第 2 号文書となります。計算：(120 万円 − 100 万円)× 5 ケ月分 =100 万円

(3)　原契約で定められた期間内で、減額変更金額及び変更契約期間を記載

例）令和X1年 3 月15日付清掃業務委託契約書の月額清掃料100万円を令和X1年11月 1 日〜令和X2年 3 月31日まで80万円とする。

この場合、契約金額の計算はできますが、契約金額を減少させるものですので、通則 4 の二により記載金額のない第 2 号文書となります。

(4)　原契約で定められた期間内及び期間を超えた変更契約で、増額変更金額、変更前金額及び変更契約期間を記載

例）令和X1年 3 月15日付清掃業務委託契約書の月額清掃料100万円を令和X1年11月 1 日〜令和X2年10月31日まで120万円とする。

この場合、契約金額の計算ができるため、通則 4 の二により記載金額 940 万円の 2 号文書となります。計算：(120 万円 − 100 万円)× 5 ケ月 + 120 万円× 7 ケ月 =940 万円

(5)　原契約で定められた期間を超えた変更契約で、増額変更金額、変更前金額、変更契約期間を記載

例）令和X1年 3 月15日付清掃業務委託契約書の月額清掃料100万円を令和X2年 4 月 1 日〜令和X3年 3 月31日まで120万円とする。

この場合、原契約の契約期間は超えており、「変更前の契約金額等がある文書」がありませんので、通則 4 の二の規定は適用されず、記載金額は 1,440 万円の第 2 号文書となります。

（参考法令：課税物件表、通則 3 、 4 、基通29、30）

# Q28 修理品の預り証

当社は時計店ですが、時計の修理加工の依頼があった場合に依頼者に交付する「修理加工品お預り証」は、印紙税法上どのような取扱いとなりますか。

---

令和〇年〇月〇日

修理加工品お預り証

住　所　神奈川県横浜市中区〇〇

氏　名　　〇〇　〇〇　様　電話XXX（XXX）XXXX

　下記のとおり、お預かりしました。

1．お預かり品名　〇社製クオーツ時計

2．修理内容　　　　　分解掃除

3．修理金額（予定）　　8,000円

4．出来上り日　　令和〇年〇月〇日

※お預け品をお受取の際には、必ず本証をご持参ください。

〇〇時計店　担当〇〇

---

A　この場合、単なる時計の預かりではなく、顧客からの修理の申込みに対する応諾の事実を証明するために作成しているものと認められますので、第2号文書（請負に関する契約書）に該当します。

　ただし、事例の場合は修理金額（予定）の記載があり、記載金額8,000円となり、10,000円未満ですので非課税となります。

　百貨店等が時計等の修理、加工の依頼を受けた際に交付する文書は、「預り証」、「修理票」、「引換証」など名称は様々です。

　単なる物品の受領事実が記載されている物品受領書は課税文書には当たりませんが、事例のように仕事の内容、代金、出来上り期日などの修理や加工内容等を証明しているものについては、請負契約の成立を証明するものであり、請負に関する契約書に該当することとなります。

　　（参考法令：課税物件表、基通26、基通別表１　第２号文書）

# Q29 申込書・注文書が契約書に

　当社は機械を製作している法人です。下請先に外注する際には見積書を提出してもらい、当社は見積書に基づいて注文書を提出します。この場合、注文書の印紙税の取扱いはどうなりますか。

---

注　文　書

○○製作所　殿　　　　　　　　　　　　　○○機械株式会社
令和○年○月○日付御見積書に基づいて下記のとおり注文します。

製品名　　○○精密機械製作
金　額　　○○○万円
納　期　　令和○年○月○日

（以　下　省　略）

---

A　この文書は見積書に基づく申込みであることが記載されており、機械の製作を委託することを内容とする契約であることから、第2号文書（請負に関する契約書）に該当します。

|解　説

　一般的に注文書といわれるものは、契約の申込みの内容を記載した文書であり、契約書には該当しません。しかし、注文書といわれるものでも、このように見積書に基づく注文書である旨が記載されているものは、単なる申込文書ではなく、契約の成立を証明する目的で作成される文書と認められますので印紙税法上の契約書に該当します。

　ただし、見積書に基づく注文書である旨が記載された注文書であっ

ても、さらに注文請書を作成することがあらかじめ予定されている場合には、当事者の間においては単なる申込書であり、契約書には当たらず、注文請書が契約書に該当することとなります。

（参考法令：課税物件表、通則５、基通２、３、21）

# Q30 課税物件表の解説③ (第3号文書〜第6号文書)

| 第3号文書から第6号文書の内容について説明してください。

A 第3号文書……約束手形、為替手形
第4号文書……株券、出資証券若しくは社債券又は投資信託、
　　　　　　　貸付信託、特定目的信託若しくは受益証券発行信
　　　　　　　託の受益証券
第5号文書……合併契約書又は吸収分割契約書若しくは新設分割
　　　　　　　計画書
第6号文書……定款
　各々の内容については、解説のとおりです。

解　説

**【第3号文書】**

約束手形又は為替手形とは……約束手形又は為替手形とは、手形法
　　　　　　　　　　　　　　の規定により手形としての効力を有する証券をいいま
　　　　　　　　　　　　　　す。なお、振出人又はその他の手形当事者が他人に補
　　　　　　　　　　　　　　充させる意思をもって未完成のまま振り出した手形
　　　　　　　　　　　　　　（白地手形）もこれに含まれます。

**【第4号文書】**

株券とは……株式会社の株主の地位あるいは権利を表彰する有価証
　　　　　　券をいいます。

社債券とは……会社法の規定による社債券、特別の法律により法人
　　　　　　　の発行する債券及び相互会社の社債券に限られます。

**【第5号文書】**

合併契約書とは……会社法第748条に規定する合併契約を証する文
　　　　　　　　　書をいいます。

吸収合併契約書とは……会社法第757条（吸収分割契約の締結）に規定する吸収分割契約を証する文書（その吸収分割契約の変更又は補充の事実を証するものを含む。）をいいます。

【第6号文書】

定款とは……株式会社、合名会社、合資会社、合同会社又は相互会社の設立のときに作成する定款の原本に限り第6号文書に該当します。

・公証人の認証を要することとされている株式会社及び相互会社の定款→公証人が保存するもののみが課税対象

・公証人の認証を要しない合名会社、合資会社及び合同会社の定款→会社に保存する原本が課税の対象

（参考法令：課税物件表、基通別表1　第3号文書〜第6号文書）

# Q31 課税物件表の解説④ （第7号文書）

第7号文書の内容について説明してください。

A 継続的取引の基本となる契約書とは、特定の相手方との間において、継続的に生ずる取引の基本となるもののうち、令26条《継続的取引の基本となる契約書の範囲》の規定に該当する文書です。

ただし、文書に記載された契約期間が3ケ月以内で、かつ、更新に関する定めのないものは除きます。

解 説

令26条に規定する文書は次のとおりです。

⑴ 特約店契約のように、営業者の間において、売買、売買の委託、運送、運送取扱い又は請負に関する複数の取引を継続して行うために作成される契約書で、その取引に共通して適用される取引条件のうち目的物の種類、取扱数量、単価、対価の支払方法、債務不履行の場合の損害賠償の方法又は再販売価格を定めるもののうち一つでも定める契約書をいいます。

⑵ 代理店契約書、業務委託契約書などのように、売買に関する業務、金融機関の業務、保険募集の業務又は株式の発行若しくは名義書換えの事務を継続して委託するため作成される契約書で、委託される業務又は事務の範囲又は対価の支払方法を定める契約書をいいます。

⑶ 銀行取引約定書のように、金融機関から信用の供与を受ける者と当該金融機関との間において、債務の履行について包括的に履行方法その他の基本事項を定める契約書をいいます。

⑷ 信用取引口座設定約定諸書のように、金融商品取引業者又は商

品取引法に規定する商品取引員とこれらの顧客との間で、有価証券又は商品の売買に関する複数の取引を継続して行うため、その取引に共通して適用される取引条件のうち、受渡しその他の決済方法、対価の支払方法又は債務不履行の場合の損害賠償の方法を定める契約書をいいます。

(5) 保険特約書のように、損害保険会社と保険契約者との間で、複数の保険契約を継続して行うために作成される契約書で、その取引に共通して適用される保険条件のうち保険の種類、保険金額又は保険料率を定める契約書をいいます。

| 参 考

◆継続的取引の基本となる契約書で除外されるもの

　令26条の規定に該当する文書であっても、その文書に記載された契約期間が3か月以内で、かつ更新に関する定めのないもの（更新に関する定めがあっても、当初の契約期間に更新後の期間を加えてもなお、3か月以内である場合を含むこととして取り扱う。）は、継続的取引の基本となる契約書から除外されますが、その文書については、内容によって、その他の号に該当するかどうかを判断します。

　（参考法令：課税物件表、令26、基通別表1　第7号文書1、2）

# Q32 単価決定通知書

製造委託契約書を締結している下請業者との間で、あらかじめ協議の上決定した単価を下請業者に通知する文書ですが課税文書に該当しますか。

---

○　○　株式会社　　　　　　　　　　令和○年○月○日

単価決定通知書

　貴社との協議により、下記の製品の単価を決定しましたので、ご通知申し上げます。

記

1　品　　名　　○　○　○
2　加工単価　　1ケース当たり　5,000円
3　適用期間　　令和○年○月から次回改定日まで

A製造株式会社　製造管理部

---

A　この文書は、継続して行う請負契約に係る加工料の単価を定めるものであるため、第2号文書（請負に関する契約書）と第7号文書（継続的取引の基本となる契約書）に該当しますが、契約金額の記載がないため、通則3のイのただし書の規定により第7号文書（継続的取引の基本となる契約書）になります。

解説

　継続して物品等の製造委託を行う場合、その単価を決定、変更した際には、単価契約書として当事者双方の署名捺印を行っている事例もありますが、この事例は委託先に対して協議決定内容を通知することとされています。この場合は、当事者間の協議に基づいて単価を決定

確認して後日の証しとして作成されるものと認められますので契約書に該当します。

　請負契約に適用される加工単価を定めていることから第2号文書と第7号文書にも該当しますが、契約金額の記載がありませんので、通則3のイのただし書の規定により、この場合第7号文書に該当します。

　ただし、契約の相手方当事者が別に承諾書など契約書の成立の事実を証明する文書を作成する場合は除かれます。

　　　　　（参考法令：課税物件表、通則3、5、令26、基通12）

# Q33 基本契約書の課否判定について

A 製造株式会社と B 商事株式会社との間で、商品売買を行うことの基本契約書を作成しましたが、課税文書に該当しますか。

---

令和○年○月○日

製品売買基本契約書

　A 製造株式会社 (以下「甲」という。) と B 商事株式会社 (以下「乙」という。) は、甲の製造する電気製品 (以下「商品」という。) の継続的売買について、次のとおり基本契約を締結する。

第 1 条 (売買の目的物) ……甲の製造する電気器具

第 2 条 (売買条件) ……売買商品の品名、数量、価格に関してはその都度、決定する。

(中　　　略)

第 9 条 (代金の支払方法) ……月末締切り、翌月 10 日銀行振込みとする。

第 10 条 (契約期間) ……本契約の有効期間は 1 年間とする。ただし、期間満了時において双方より別段の申出のない場合は、自動的に 1 年間延長するものとする。

---

**A** この契約書は、営業者である A 製造株式会社と B 商事株式会社との間において、継続する 2 以上の売買取引に共通して適用する取引条件のうち、目的物の種類 (電気器具)、対価の支払方法 (月末締切り、翌月10日銀行振込みとする。) を定めたものであり、かつ、3 ケ月を超えるもの (令26条第 1 号に掲げるものの要件を満たすもの) ですから、第 7 号文書 (継続的取引の基本となる契約書) に該当します。

解 説

　目的物の種類とは、取引の対象の種類をいい、その取引が売買である場合には売買の目的物の種類が、請負である場合には仕事の種類・内容等がこれに該当します。また、目的物の種類には、例えばテレビ、ステレオ、ピアノというような物品等の品名だけでなく、電気製品、楽器というように共通の性質を有する多数の物品等を包括する名称も含まれるとされています。

　　　　（参考法令：課税物件表、令26、基通別表 1　第 7 号文書）

# Q34 課税物件表の解説⑤ (第8号文書～第13号文書)

| 第8号文書～第13号文書の内容について説明してください。

A 第8号文書……預貯金証書
　　　第9号文書……倉荷証券、船荷証券又は複合運送証券
　第10号文書……保険証券
　第11号文書……信用状
　第12号文書……信託行為に関する契約書
　第13号文書……債務の保証に関する契約書
　　　　　　　　（主たる債務の契約書に併記したものを除く。）
　各々の内容については、解説のとおりです。

| 解 説

【第8号文書】

　預貯金証書とは……銀行その他の金融機関等で法令の規定により預
　　　　　　　　　金又は貯金業務を行うことができる者が、預金者又
　　　　　　　　　は貯金者との間の消費寄託の成立を証明するために
　　　　　　　　　作成する免責証券たる預金証書又は貯金証書をいい
　　　　　　　　　ます。

【第9号文書】

　倉荷証券とは……商法第600条（倉荷証券の交付義務）の規定によ
　　　　　　　　　り、倉庫営業者が寄託者の請求により作成する倉庫
　　　　　　　　　証券をいいます。

　船荷証券とは……商法第757条（船荷証券の交付義務）の規定によ
　　　　　　　　　り、運送人又は船長が荷送人又は傭船者の請求によ
　　　　　　　　　り作成する船荷証券をいいます。

　複合運送証券とは……商法第769条（複合運送証券）の規定により、

運送人又は船長が陸上運送及び海上運送を一の契約で引き受けたときに荷送人の請求により作成する複合運送証券をいいます。

【第10号文書】

　保険証券とは……保険者が保険契約の成立を証明するため、保険法その他の法令の規定により保険契約者に交付する書面をいいます。

【第11号文書】

　信用状とは……銀行が輸入業者又は海外旅行者の依頼に応じ、他の取引銀行に対して、書面に定める者に一定額の金銭の支払をすることを委託する内容の支払委託証書をいいます。

【第12号文書】

　信託行為に関する契約書とは……信託法第 3 条第 1 号に規定する信託契約を証する文書をいい、信託証書も含まれます。

【第13号文書】

　債務の保証とは……主たる債務者がその債務を履行しない場合に保証人がこれを履行することを債務者に対して約することをいい、連帯保証を含みます。

　なお、他人の受けた不測の損害を補てんする損害担保契約は、債務の保証に関する契約には該当しません。

（参考法令：課税物件表、基通別表 1　第 8 号文書～第13号文書）

# Q35 課税物件表の解説⑥（第14号文書～第16号文書）

第14号文書～第16号文書の内容について説明してください。

**A** 第14号文書……金銭又は有価証券の寄託に関する契約書
第15号文書……債権譲渡又は債務引受けに関する契約書
第16号文書……配当金領収証又は配当金振込通知書
各々の内容については、解説のとおりです。

解説

【第14号文書】

寄託とは……民法657条《寄託》に規定する寄託をいい、寄託契約のうち金銭又は有価証券を課税の対象としています。また、民法666条《消費寄託》に規定する消費寄託を含みます。

【第15号文書】

債権譲渡とは……債権をその同一性を失わせないで旧債権者から新債権者へ移転させることをいいます。

債務引受けとは……債務をその同一性を失わせないで債務引受人に移転することをいい、従来の債務者もなお債務者の地位にとどまる重畳的債務引受けもこれに含みます。

【第16号文書】

配当金とは……株式会社の剰余金の配当（会社法第454条第5項《剰余金の配当に関する事項の決定》に規定する中間配当を含む。）に係るものをいいます。

（参考法令：課税物件表、基通別表1　第14号文書～第16号文書）

# Q36 課税物件表の解説⑦ (第17号文書)

| 第17号文書の内容について説明してください。

A 　第17号の１文書……売上代金に係る金銭又は有価証券の受取書

第17号の２文書……売上代金以外の金銭又は有価証券の受取書

各々の内容については、解説のとおりです。

解 説

(1) 「**金銭又は有価証券の受取書**」とは……金銭又は有価証券の引渡しを受けた者が、その受領事実を証明するために作成し、その引渡者に交付する証拠証書をいいます。

（注） 文書の表題、形式がどのようなものであっても、また「相済」、「完了」等の簡略な文言を用いたものであっても、その作成目的が当事者間で金銭又は有価証券の受領事実を証するものであるときは、第17号文書（金銭又は有価証券の受取書）に該当します。

(2) 「**売上代金**」とは……原則として「資産を譲渡若しくは使用させること又は役務を提供することによる対価」をいうこととされています。

例）資産の譲渡対価……商品の売上金額、資産の売却等
　　資産の使用対価……不動産の賃貸料、貸付金利息等
　　役務を提供対価……請負契約の対価、運送契約の対価等
　　※ただし、資産の譲渡等の対価に該当する場合であっても、一定の金融取引については売上代金から除くとされています。

(3) 「**売上代金**」に該当しないものとは……「資産の譲渡等の対価に

該当しないもの（対価性のない取引）」と売上代金に該当するが印紙税法上売上代金から除外しているものがあります。

　例）対価性のない取引……割戻金の受取、保険金の受取、損害賠償金の受取、贈与等の無償契約に基づく受取等

　　　印紙税法上売上代金から除外……保険料、公社債及び預貯金の利子等

⑷　「営業に関しないもの」とは……非課税物件欄に規定されている「営業に関しないもの」とは、商法上の「商人」に当たらない者が作成する受取書をいいます。

①　営利法人はすべて営業に関します。

②　公益法人は営利を目的としませんので、収益事業に関して作成するものであっても、営業に関しない受取書となります。

③　営利法人及び公益法人以外の法人は利益金又は剰余金の配当又は分配をすることができるかどうかにより、その取扱いが異なります。

　　利益金又は剰余金の配当又は分配をすることができない法人の行為は、すべて営業には該当しません。

　　また、利益金又は剰余金の配当又は分配をすることができる法人については、出資者以外の第三者に対して行う事業は営業に含まれ、出資者に対して行う又は、出資者が当該法人に対して行う事業は営業に含まれないこととされています。

⑸　医師等の作成する受取書……医師、歯科医師、歯科衛生士、歯科技工士、保健師、助産師、看護師、あん摩・マッサージ・指圧師、はり師、きゅう師、柔道整復師、獣医師等並びに弁護士、弁理士、公認会計士、経理士、司法書士、行政書士、税理士、中小企業診断士、不動産鑑定士、建築士、設計士、海事代理士、技術士、社会保険労務士等がその業務上作成する受取書は、営業に関しない受取書として取り扱われます。

(6)　**農業従事者等が作成する受取書**……店舗その他これらに類する設備を有しない農業、林業又は漁業に従事する者が、自己の生産物の販売に関して作成する受取書は、営業に関しない受取書として取り扱われます。

(7)　**「仮領収書」の取扱い**……仮領収書であっても、金銭又は有価証券の受取事実を証するために作成する場合には、たとえ後日、本領収書を作成する場合であっても第17号文書に該当します。

(8)　**再発行する際の領収書**……再発行の場合であっても、金銭又は有価証券の受取事実を証するために作成する場合には第17号文書に該当します。

(9)　**相殺の領収書**……売掛金等と買掛金等とを相殺する場合に作成する領収書と表示した文書で、相殺による旨をその領収書に明示している場合は、第17号文書に該当しないこととされます。

　　また、金銭又は有価証券の受取書に相殺に係る金額を含めて記載してあるものについては、その文書の記載事項により相殺に係るものであることが明らかにされている金額は、記載金額として取り扱われません。

（参考法令：課税物件表、令28、基通別表 1　第17号文書 1 ～ 3、20、22 ～ 26）

# Q37 「入金のお礼」文書

　当社では、商品売上代金を振込で入金いただいたお客様に後日、入金済である旨の文書を送付していますが、印紙税の取扱いはどうなりますか。

---

　　　　　　　　　　　　　　　　　　令和〇年〇月〇日

　　　　　　ご入金のお礼について

〇〇　様

　この度は、〇〇商品のご購入ありがとうございました。

商品代金 150,000 円については、確かに令和〇年〇月〇日に〇〇銀行の当社指定口座にて入金いただいたことを確認いたしました。

　今後とも一層のお引き立てを賜りますようお願い申します。

　　　　　東京都千代田区〇〇町　　　〇〇株式会社　〇〇売場

---

**A**　この文書は、商品の売上代金の受領を証明するために作成すると認められますので、第17号の1文書（売上代金に係る金銭の受取書）に該当し、記載金額は150,000円となり、200円の印紙が必要となります。

---

解説

　作成文書が課税文書に該当するかどうかは、文書の名称、形式的な記載文言のみで判断することなく、実質的な意義に基づいて判断することとされています。

　この場合は、「領収書」、「受取書」という標題ではありませんが、商品代金の受領を証明するために作成すると認められますので受取書

に該当し、また、販売した商品の代金受領のため第17号の1文書（売上代金に係る金銭の受取書）に該当することとなります。

---

参 考

◆基通別表1第17号文書4（振込済みの通知書等）

　売買代金等が預貯金の口座振替又は口座振込みの方法により、債権者の預貯金口座に振り込まれた場合に、振込みを受けた債権者が債務者に対して預貯金口座への入金があった旨を通知する「振込済みのお知らせ」等と称する文書は、第17号文書（金銭の受取書）に該当します。

（参考法令：法2、課税物件表、基通2、3、基通別表1　第17号文書4）

# Q38 納品書が売上代金の受取書に

当社では売上商品の納品時に、代金を現金で受領する場合があります。この場合、配達担当者は納品書に受領印を押して集金してきます。納品書には印紙税はかからないのでしょうか。

---

納 品 書

○○株式会社　殿

下記の商品を納品します。
令和○年○月○日

| 商品名 | 数量 | 単価（円） | 金額（円） |
|---|---|---|---|
| A製品 | 3 | 21,600 | 64,800 |
| 合　計 | 3 | | 64,800 |

△△株式会社

---

**A** 納品時に売上代金を現金で受領した際に、現金の受領の証として納品書に配達担当者がサインする場合は第17号の1文書（売上代金に係る金銭の受取書）に該当します。

| 解 説

　課税文書にあたるかどうかの判断は、記載文書の実質的な意義に基づいて判断することによるとされています。事例の場合は、当事者間において売上代金を領収したという了解事項に基づくものと認められ

ますので、第17号の１文書（売上代金に係る金銭の受取書）に該当します。

　なお、事例の場合は「受領」という表示ですが、例えば「了」とか「済」などの表示の場合においても同様のことが言えます。

（参考法令：課税物件表、通則５、基通２、３、基通別表１　第17号文書）

# Q39 相殺等に係る領収書

　取引先との間で、売掛金を自己の買掛金と相殺する場合があります。このような場合の領収書に係る印紙税の取扱いはどうなりますか。

　また、売掛金の一部を前金で受け取った後に、残金を領収する場合に交付する場合の領収書等はどうなりますか。

（事例1）　売掛金と買掛金の同額を相殺した場合

```
                    領　収　書
                                   令和〇年〇月〇日
   〇〇株式会社　様
                   金 2,200,000 円
     上記金額を商品支払代金と相殺しました。
                              △△株式会社　㊞
```

（事例2）　売掛金の一部を相殺した場合

```
                    領　収　書
                                   令和〇年〇月〇日
   〇〇株式会社　様
                   金 2,200,000 円
     （当社売掛金のうち、500,000 円は相殺いたします。）
     上記金額のうち、相殺分以外を受領しました。
                              △△株式会社　㊞
```

（事例3）　内金を受領している旨の記載がある場合

```
                    領　収　書
                               令和〇年〇月〇日
  〇〇株式会社　様
                    2,200,000 円
          （うち、500,000 円は内金にて受領済。）
      上記金額を受領しました。
                               △△株式会社　㊞
```

（事例4）　文書上に相殺である旨あるいは、既に内金の受領が
　　　　　ある旨の記載がない場合

```
                    領　収　書
                               令和〇年〇月〇日
  〇〇株式会社　様
                    金 2,200,000 円
      上記金額を受領しました。
                               △△株式会社　㊞
```

A　事例1は第17号文書（金銭の受取書）には該当しません。事例2及び事例3は記載金額1,700,000円の17号の1文書にします。事例4は記載金額2,200,000円の17号の1文書に該当します。

解 説

　事例1については、「領収書」という文言があるものの、現実に金銭等の受け渡しが行われておらず、金銭の受領事実を証明するものではなく、単に、相手方に債務が消滅し、弁済を受けたことを証明するものであり第17号文書（金銭の受取書）には該当しません。

　事例 2 については表示金額220万円のうち50万円を相殺したものであることが明らかであり、金銭を受領していないため記載金額には含めず、差額の170万円を記載金額とする第17号の 1 文書（売上代金に係る金銭の受取書）に該当します。

　事例 3 については、220万円のうち、既に入金済みの内金50万円を引いた170万円が第17号の 1 文書に該当します。

　事例 4 については、相殺あるいは内金が発生していたとしても、文書上にその旨の記載がないため、記載金額220万円の第17号の 1 文書に該当します。

　　　　　（参考法令：課税物件表、基通別表 1 　第17号文書20）

# Q40 サラリーマン等が作成する受取書

　サラリーマンが自宅を売却した際に受け取った売却代金に対して受取書を発行しましたが、印紙税はかかりますか。

---

　　　　　　　　　　　　　　　　　　　令和〇年〇月〇日

〇〇不動産株式会社　殿

　　　　　　　　受　取　書

　　　　　　　金 20,000,000 円

令和〇年〇月〇日付不動産売買契約書に基づく売却代金

神奈川県相模原市南区〇〇

　　　　　　　　　品　川　一　郎

---

**A**　営業とは、利益を得る目的で同種の行為を反復継続して行うこと、つまり継続的な営利活動をいいます。したがって、サラリーマンが私的財産を譲渡したときなどに作成する受取書は、営業に関しない受取書に該当し、非課税となります。

---

解 説

　「営業に関しないもの」とは商法上の「商人」に当たらない者が作成する受取書をいうものとされています。

　商人（商法上の商行為を行う者）である個人の行為は営業に該当します。

　一方、商行為に該当しない医師、弁護士、税理士等の作成する受取書は営業に関しない受取書に該当します。

　また、営利法人（会社）の行為は、すべて営業になります。

　例えば、税理士が集まって税理士法人を設立した場合、税理士法人

は法令の定めにより利益金の分配等をすることができるものに該当しますので、出資者以外の者に交付する受取書は、営業に関しない受取書には該当せず、営業に関する受取書として課税文書となります。

（参考法令：課税物件表、基通別表１　第17号文書）

# Q41 課税物件表の解説⑧（第18号文書〜第20号文書）

第18号文書から第20号文書の内容について説明してください。

A 第18号文書……預貯金通帳、信託行為に関する通帳、銀行若
しくは無尽会社の作成する掛金通帳、生命保険会
社の作成する保険料通帳又は生命共済の掛金通帳
第19号文書……第1号、第2号、第14号又は第17号文書により証
される事項を付け込んで証明する目的をもって作
成する通帳
第20号文書……判取帳
各々の内容については、解説のとおりです。

解　説

【第18号文書】

預貯金通帳とは……法令の規定による預金又は貯金業務を行う銀行
その他の金融機関等が、預金者又は貯金者との間に
おける継続的な預貯金の受払い等を連続的に付け込
んで証明する目的で作成する通帳をいいます。

【第19号文書】

第19号文書とは……課税物件表の第1号、第2号、第14号又は第
17号の課税事項のうち1又は2以上を付け込み証
明する目的で作成する通帳で、第18号文書に該当
しないものをいいます。したがって、第1号、第
2号、第14号又は第17号文書によって証されるべ
き事項以外の事項を付け込み証明する通帳は、第
18号文書に該当するものを除き、課税文書には該

当しないものとなります。

【第20号文書】

　判取帳とは……課税物件表の第１号、第２号、第14号又は第17号の課税事項につき２以上の相手方から付け込み証明を受ける目的をもって作成する帳簿をいいます。

　金銭又は有価証券の判取帳……第20号文書に該当する判取帳については、非課税規定がないので、付け込み金額のすべてが５万円未満であっても、課税文書に該当します。

（参考法令：課税物件表、基通別表１　第18号文書～第20号文書）

契約書のコピーに原本と割印を
した場合

契約書のコピーは印紙税がかからないと聞きました。コピーに正本と割印を行った場合であっても印紙は必要ないのでしょうか。

A 契約書のコピーは、正本等の単なる複写にすぎませんので、印紙を貼付する必要はありません。しかし、次に該当する場合は課税文書となります。
①契約当事者の双方又は一方の署名又は押印があるもの（ただし、文書の所持者のみが署名又は押印しているものを除く。）、②正本と相違ないこと、又は写し、副本、謄本等であることの契約当事者の証明（正本等との割印を含む。）のあるもの（ただし、文書の所持者のみが証明しているものを除く。）

解 説

(1) コピーに原本表示をした場合
（コピー）

| 印 紙 | 不動産売買契約書 |

令和〇年×月×日
第 1 条　神田一郎と品川二郎は不動産売買契約を締結する。
＜　中　　略　＞
売主　神田一郎　　　　買主　品川二郎

原本と相違ありません。売主　神田一郎㊞　買主　品川二郎㊞

※上記のようにコピーに原本との相違がない旨の証明等を行った場

合は、コピーであっても課税文書になります。

## ⑵ 原本とコピーに契約当事者の割印

（原本）

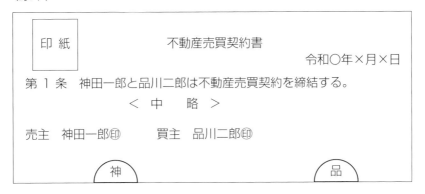

（コピー）

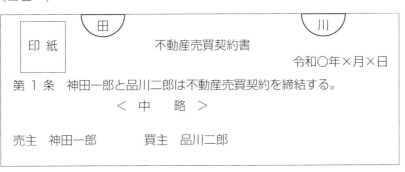

※　上記のように、契約書を1通作成し正本とコピーに契約当事者の割印がある場合は、コピーについても原本と同様に課税文書となります。


| 参　考

　課税文書をコピー機でコピーしただけのものは、カラーコピーであろうと単なる写しであり、課税対象とはなりません。

（参考法令：基通19）

## Q43 国、地方公共団体等と締結した契約書

今回、当社と国との間で工事請負契約書を作成しました。契約書は2通作成し、双方1通ずつ保管する予定ですが、国は非課税のため収入印紙の貼付はどうなるのか教えてください。

A 国が保管している文書は当社が作成したものとみなし、当社が保管している文書は国が作成したものとみなされます。したがって、国が保管している文書には収入印紙の貼付が必要となり、当社が保管している文書には、収入印紙が貼付されないこととなります。

解 説

本来、共同作成の場合は作成者全員の連帯納税義務となりますが、その中に非課税となる者がいる場合、印紙税法では、共同作成される文書はおおむね各当事者が1通ずつ所持するということをとらえて、国等が所持する文書は他の者が作成して国等に交付したもの、他の者が所持する文書は国等が作成して他の者に交付したものとして、国等が所持するものについてのみ課税することとされています。

（参考法令：法4、5、基通57）

# Q44 国外で作成される契約書について

外国法人との間で不動産の売買契約書を交わそうとしていますが、国内で行う場合と国外で行う場合では印紙税の取扱いは違いますか。

A 印紙税法は日本の国内法であり、その適用地域は日本国内に限られることとなります。
　したがって、この場合は国内で作成されたか国外かにより課税かどうか判断することとなります。

## 解 説

　作成の場所が日本国内か国外であるかの判断は、文書の作成の時を基準として行うこととなります。

　**契約例）双務契約の場合**

(1)　不動産売買契約　Ａ社（国内）、Ｂ社（Ｃ国の法人）

　　　Ａ社の社員がＣ国に出向き、Ｃ国において署名押印

　　　　　　　……………法施行地外において作成のため不課税文書

(2)　不動産売買契約　Ａ社（国内）、Ｂ社（Ｃ国の法人）

　　　Ａ社にＢ社の社員が来て、国内において署名押印

　　　　　　　……………国内において作成のため課税文書

(3)　不動産売買契約　Ａ社（国内）、Ｂ社（Ｃ国の法人）

　　　Ａ社において２通署名押印し、Ｃ国のＢ社へ送付。Ｂ社において最終署名押印し、そのうち１通をＡ社あてに返送。

　　　　　　　　　……………法施行地外において作成のため不課税文書

　※なお、法施行地外において作成のため不課税となる場合においては、国外において作成されたことを明らかにしておかなければい

けません。

　社員が国外に出向き作成した場合は、出張等の事績がわかるものを契約書とともに保管しておくとか、郵送の場合は郵送記録などを保管しておく等の証拠を残しておきます。

参 考

　基通49（作成場所が法施行地外となっている場合）

　文書の作成場所が法施行地外である場合の文書については、たとえその文書に基づく権利の行使又は文書の保存が法施行地内で行われるものであっても、法は適用されない。ただし、その文書に法施行地外の作成場所が記載されていても、現実に法施行地内で作成されたものについては、法が適用されるので留意する。

（参考法令：基通44、49）

# Q45 印紙税調査とは

印紙税調査はどのような方法で行われますか。

A 印紙税の調査は、印紙税が正しく納付されているかどうか、つまり、文書に適正な印紙が貼られているかどうかを調査するものです。

　したがって、作成された文書や交付を受ける文書を中心に調査が進められることとなります。

　また、調査の方法は法人税等の調査の際に行う「印紙税同時処理」と、印紙税のみを調査の対象とする「印紙税単独調査」があります。

解　説

　印紙税調査においては、契約書等の現物等を確認して印紙税が正しく納付されているか調査されます。

(1)　印紙税同時処理

　　所得税、法人税等税務調査時に同時に実施される印紙税の納付状況の確認については、同時処理といわれています。

(2)　単独調査

　　印紙税の単独調査は、印紙税の調査のみを目的として調査を行います。税務署においては印紙税を担当する部門の職員、国税局においては印紙税調査を専門に行っている担当職員が調査に当たります。

# Q46 誤りの多い事例

誤りの多い事例はどのような事例ですか。

**A** 誤りの多い事例は、税額表に記載されている文書の名称のみ
で課否の判断をすることにより、貼付漏れが発生するケース
等が多々見受けられます。

貼付漏れを防ぐためには、文書の記載の内容についてよく理解
したうえで課否判定を行うことが必要であり、文書の内容が複雑
で課否判定が困難な場合は、契約書作成時に、あらかじめ税務署
に文書を持参して確認をとることが必要です。

解 説

(1) **文書の名称だけで課否の判断をしている。**

契約書という名称であれば、課税物件表にそれらしい項目がなく
てもとりあえず200円の収入印紙を貼付し、覚書、確認書等の文書
については、「契約書」という名称ではないため、課否の検討もせ
ずに不課税としている。

(2) **文書の所属の判断を誤っている。**

例えば清掃契約等を継続的に結ぶ基本契約で、第2号文書（請
負に関する契約書）と第7号文書（継続的取引の基本となる契約
書）に該当した場合、契約金額の記載があるか、あるいは計算でき
るかなどの判断もせずに、基本契約だからすべて第7号文書に該当
すると判断するなど、所属の判定をせずに名称等で所属を判断して
いる。

※一の文書で複数の号別に該当した場合、通則3の規定により所属
を決定することとなります。

(3) **予約契約書は本契約でないので印紙税がかからないと誤認してい**

る。

予約契約書は本契約を結ぶまでのつなぎでしかなく、本契約が締結された後は効力を要しないものとなるため、収入印紙の貼付は必要ないと認識している。

※予約契約書及び本契約双方を作成する場合においても、双方とも印紙税法上の契約書に該当します。

(4) **申込書や注文書などは、すべて不課税文書と考えている。**

基本契約に基づく申込であることの記載があり、一方の申込みにより自動的に成立することとされていたが、あくまでも申込みであり、契約者双方の署名がないため、課税文書には該当しないと認識している。

※契約の申込み事実を記載した申込書や注文書などは、通常、課税文書とはなりませんが、相手方の申込みに対する承諾事実を証明する目的で作成される場合は、課税文書となる場合があります。

(5) **手書き領収書には金額に応じて収入印紙は必要だが、レジから出力されるレシートや領収書には収入印紙は必要ないと考えている。**

例えば居酒屋などでアルバイト店員がレジ等を扱う場合、事前にレシート等に印紙を貼付する旨の指示を従業員から受けていなかったりして、収入印紙の貼付は必要ないと認識している。

※レジから出力されるレシートや領収書には、売上代金を現金で5万円以上受け取った場合に印紙の貼付が必要となるものであり、レジ担当者が頻繁に入れ替わるような場合は、貼付しなければいけないことを知っていたとしても貼付漏れが発生しやすいです。

そのため、レシート等の貼付漏れを防ぐ対応策として、印紙を貼ることに代えて、書式表示による申告納付に変更したり、印紙の貼付が必要な場合はレシート等に印紙の貼付欄がシステムから出力されるようにするなどの方法を行っている会社もあります。

## Q47 印紙税の過誤納還付が受けられるか

印紙税の過誤納還付を受けることができるか否かが争われた事例（平成12.1.26裁決）

### 争 点

(1) 金銭消費貸借契約証書は日付が未記入で、借入の実行前に中止したものは課税文書に該当するか

(2) 過誤納の請求範囲である「使用する見込みのなくなった場合」に該当するか

### 裁 判 結 果

棄却（印紙税の納税義務は成立しており、過誤納の事実は存在しない）

### 文書のイメージ

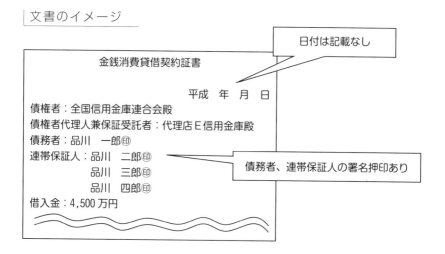

### 事例のポイント

(1) 課税文書に該当するか

　次の事実関係から、この文書に係る契約を成立させることについては、あらかじめ当事者間に意思の合致があり、これを証明する目的でこの文書は作成されている。したがって、第1号の3文書(消費貸借に関する契約書)に該当する。

　また、この文書の作成時期(納税義務の成立時期)は、審査請求人がこの文書に署名押印し、これを信用金庫に差し入れた平成11年5月6日である。


※事実関係

| | |
|---|---|
| 平11年3月頃 | 審査請求人から借入金の借換えを申出 |
| 平11年4月頃 | 融資はE信用金庫の部内手続を経て、信用金庫本店が承認 |
| 平11年5月6日 | 審査請求人らが契約証書に署名押印 |
| 平11年5月17日 | 審査請求人が担保物件の登記済権利証を提出 |
| 平11年5月21日 | 他に有利な借換えが可能となり、審査請求人が融資中止を申出 |


## (2)　「使用する見込みがなくなった場合」に該当するのか

　印紙税法基本通達115条の(2)には「印紙を貼り付け、税印を押し、又は納付印を押した課税文書の用紙で、損傷、汚染、書損その他の理由により使用する見込みのなくなった場合」には、過誤納の確認を請求することができるとされている。

　この文書に係る契約を成立させることについては、あらかじめ当事者間に意思の合致があり、審査請求人はこれを証明する目的でこの文書に署名押印し、信用金庫に差し入れているものであり、ここでいう「使用する見込みがなくなった場合」には該当しない。

# Q48 請負に関する契約書に該当するか

養鶏機器の売買契約書が「請負に関する契約書」に該当するか否かが争われた事例（平成22.9.8裁決）

## 争 点

(1) 売買契約書に袋とじされた「売買契約約款」及び「契約見積書」を含めて、全体が一つの文書といえるか

(2) 「請負に関する契約書」と「物品の譲渡に関する契約書」のいずれに該当するか

## 裁 判 結 果

一部取消（一部は物品の譲渡に関する契約書に該当し、印紙税は課税されない）

## 文書のイメージ

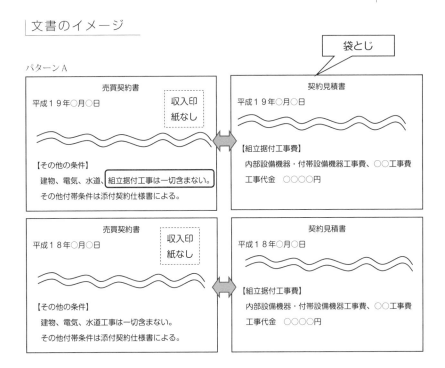

## 事例のポイント

### ⑴ 「一つの文書」に該当するか

　売買契約約款及び契約見積書には契約当事者双方の署名、押印はなく、各売買契約書に、それぞれ袋とじにされ、契印が押されており、契約当事者双方の署名、押印は売買契約書の末尾になされている。契約当事者は、売買契約約款及び契約見積書の内容を含めて合意し、売買契約書の末尾に署名、押印したものと認められる。

　したがって、売買契約書、売買契約約款及び契約見積書は、印紙税法上の「一の文書」と認められ、売買契約書が課税文書に該当するか否かの判断は、売買契約約款及び契約見積書に記載されている事項を含めて総合的に行うことになる。

「一つの文書」の判断基準

　印紙税法に規定する「一の文書」とは、その形態からみて1個の文書と認められるものをいうのであって、文書の記載証明の形式、紙数の単複は問わず、1枚の用紙に 2 以上の課税事項が各別に記載証明されているもの又は2枚以上の用紙が契印等により結合されているものは「一の文書」に該当する。

## ⑵　組立据付工事を行わない旨の記載がないものは

　パターンＡのように、売買契約書において「組立据付工事は一切含まない」とあるのは、契約見積書で提示された組立据付工事について、請負うことまで含めない旨合意した契約書であり、養鶏機器の売買に関する契約書である。

　他方、契約見積書に工事を行う旨の記載があり、パターンＢのように、「据付工事を行わない」など、明確に組立据付工事を行わない旨の記載がないものは、工事を請負うことに合意した契約書である。

　なお、「請負に関する契約書」と「物品の譲渡に関する契約書」との判別が明確でないものは、契約当事者の意思が仕事の完成と、物品の譲渡のどちらに重きをおいているかによって判断することになる。この場合の工事費は、見積りの総額の 8 %〜 22% であり、規模からみても家庭用電気器具の取付のような物品の譲渡に付随する簡単な工事ではない。組立据付工事が終了して初めて鶏の飼養が開始できることから、この売買契約書は、仕事の完成に重きをおいたものである。

# Q49 非課税の領収書に該当するか

非課税物件である「営業に関しない受取書」に該当するか否かが争われた事例（平成18.9.29裁決）

## 争点

駐車場として賃貸していた土地の譲渡代金に係る領収書は、営業に関しない受取書に該当するか

## 裁判結果

棄却（営業に関する受取書に該当する）

## 取引の経緯

| | |
|---|---|
| 平成10年3月 | 甲が所有する土地を駐車場（30台分）として業者に管理を委託 |
| 平成11年8月 | 甲の死亡により甲の妻らが土地を相続し、引き続き駐車場として賃貸 |
| 平成13年6月 | 所有するマンション5戸を賃貸 |
| 平成16年 | 駐車台数45台分の区画を設け、駐車場として賃貸 |
| 平成16年10月 | 土地を売却。手付金を受領し、領収書を交付 |
| 平成16年11月 | 残代金を受領し、領収書を交付 |

## 事例のポイント

(1) 「営業に関しない受取書」の営業とは何か

営業とは、一般に、利益を得ることを目的として同種の行為を反復継続することとされており、受取書でいう営業も同旨である。

なお、個人で営業を行う者が、個人の所有に係る資産を営業に供し、その資産を譲渡した場合には、営業者として営業に関連して行ったものであるか、個人の私的な財産の処分として行ったものであるかを区別し、後者の場合の受取書については「営業に関しない受取書」に該当する。

(2)　**営業に該当するのか**

　土地を駐車場として賃貸することは、次の理由から利益を得ることを目的として、継続的に行われており、営業に該当する。

・駐車場としての需要があり、徐々に規模が拡大されていった

・土地を相続により取得した後も駐車場として賃貸している

・租税公課を含む必要経費を上回る賃料収入を得ている

・土地のほかにも、所有マンションを賃貸している

(3)　**土地の売却は営業に関連して行ったものか**

　営業者として賃貸を行いながら土地の売買契約を締結し、売却先に引き渡すまでこの土地の賃貸を行っていたことから、営業用資産を譲渡した営業に関するものである。

# Q50 自然災害等により被害を受けられた方が作成する「不動産の譲渡に関する契約書」、「建設工事の請負に関する契約書」及び「消費貸借に関する契約書」の非課税措置

平成29年4月に租税特別措置法の一部が改正され、自然災害等により被害を受けた際に作成する契約書について、印紙税の非課税措置が設けられているとのことですが、どのような内容ですか。

A 被災者が作成する「不動産の譲渡に関する契約書」や「建設工事の請負に関する契約書」について、一定の要件を満たす場合に印紙税を非課税とする措置が設けられました。また、地方公共団体等が被災者を対象として特別貸付の際に作成される「消費貸借に関する契約書」についても同様に非課税となっています。

解 説

租税特別措置法の改正による非課税措置として、以下の2点が設けられています。

(1)　平成28年4月1日以後に発生した自然災害によって滅失、又は損壊したことにより取り壊した建物の代替建物を取得する場合に、その被災者が作成する「不動産の譲渡に関する契約書」及び「建設工事の請負に関する契約書」については、一定の要件のもと、印紙税を非課税とする措置が設けられています。

(2)　地方公共団体や政府系金融機関等が、平成28年4月1日以後に発

生した指定災害により、被災者を対象として、新たに設けた特別貸付制度の下で行う貸付に際して作成される「消費貸借に関する契約書」について、一定の要件のもと、印紙税を非課税とする措置が設けられています。

また、非課税に該当していたにもかかわらず、すでに印紙税の納付をしてしまった場合は、税務署において過誤納確認を受けることにより、納付された印紙税の還付を受けることができます。

（参考法令：措法91の２、91の４、措令52、52の３）

# 印紙税法基本通達別表第2重要な事項の一覧表

印紙税法基本通達第12条《契約書の意義》、第17条《契約の内容の変更の意義等》、第18条《契約の内容の補充の意義等》及び第38条《追記又は付け込みの範囲》の「重要な事項」とは、おおむね次に掲げる文書の区分に応じ、それぞれ次に掲げる事項（それぞれの事項と密接に関連する事項を含む。）をいいます。

## 1 　第1号の1文書
### 　第1号の2文書のうち、地上権又は土地の賃借権の譲渡に関する契約書
### 　第15号文書のうち、債権譲渡に関する契約書
(1) 　目的物の内容
(2) 　目的物の引渡方法又は引渡期日
(3) 　契約金額
(4) 　取扱数量
(5) 　単価
(6) 　契約金額の支払方法又は支払期日
(7) 　割戻金等の計算方法又は支払方法
(8) 　契約期間
(9) 　契約に付される停止条件又は解除条件
(10) 債務不履行の場合の損害賠償の方法

## 2 　第1号の2文書のうち、地上権又は土地の賃借権の設定に関する契約書
(1) 　目的物又は被担保債権の内容
(2) 　目的物の引渡方法又は引渡期日
(3) 　契約金額又は根抵当権における極度金額
(4) 　権利の使用料
(5) 　契約金額又は権利の使用料の支払方法又は支払期日
(6) 　権利の設定日若しくは設定期間又は根抵当権における確定期日
(7) 　契約に付される停止条件又は解除条件
(8) 　債務不履行の場合の損害賠償の方法

## 3 　第1号の3文書
(1) 　目的物の内容
(2) 　目的物の引渡方法又は引渡期日
(3) 　契約金額（数量）
(4) 　利率又は利息金額
(5) 　契約金額（数量）又は利息金額の返還（支払）方法又は返還（支払）期日
(6) 　契約期間
(7) 　契約に付される停止条件又は解除条件
(8) 　債務不履行の場合の損害賠償の方法

## 4 　第1号の4文書
### 　第2号文書
(1) 　運送又は請負の内容（方法を含む。）
(2) 　運送又は請負の期日又は期限
(3) 　契約金額
(4) 　取扱数量
(5) 　単価
(6) 　契約金額の支払方法又は支払期日
(7) 　割戻金等の計算方法又は支払方法
(8) 　契約期間
(9) 　契約に付される停止条件又は解除条件
(10) 債務不履行の場合の損害賠償の方法

## 5 　第7号文書
(1) 　令第26条《継続的取引の基本となる契約書の範囲》各号に掲げる区分に応じ、当該各号に掲げる要件
(2) 　契約期間（原契約の基本契約書を引用して契約期間を延長するものに限るものとし、当該延長する期間が3か月以内であり、かつ、更新に関する定めのないものを除く。）

## 6 　第12号文書
(1) 　目的物の内容
(2) 　目的物の運用の方法
(3) 　収益の受益者又は処分方法
(4) 　元本の受益者
(5) 　報酬の金額
(6) 　報酬の支払方法又は支払期日
(7) 　信託期間
(8) 　契約に付される停止条件又は解除条件
(9) 　債務不履行の場合の損害賠償の方法

## 7 　第13号文書
(1) 　保証する債務の内容
(2) 　保証の種類
(3) 　保証期間
(4) 　保証債務の履行方法
(5) 　契約に付される停止条件又は解除条件

## 8 　第14号文書
(1) 　目的物の内容
(2) 　目的物の数量（金額）
(3) 　目的物の引渡方法又は引渡期日
(4) 　契約金額
(5) 　契約金額の支払方法又は支払期日
(6) 　利率又は利息金額
(7) 　寄託期間
(8) 　契約に付される停止条件又は解除条件
(9) 　債務不履行の場合の損害賠償の方法

## 9 　第15号文書のうち、債務引受けに関する契約書
(1) 　目的物の内容
(2) 　目的物の数量（金額）
(3) 　目的物の引受方法又は引受期日
(4) 　契約に付される停止条件又は解除条件
(5) 　債務不履行の場合の損害賠償の方法

＝

# 印　紙　税　額

令和4年4月現在

| 番号 | 文書の種類（物件名） | 印紙税額（1通又は1冊につき） | 主な非課税文書 |
|---|---|---|---|
| 1 | 1　不動産、鉱業権、無体財産権、船舶若しくは航空機又は営業の譲渡に関する契約書<br>　（注）　無体財産権とは、特許権、実用新案権、商標権、意匠権、回路配置利用権、育成者権、商号及び著作権をいいます。<br>　（例）　不動産売買契約書、不動産交換契約書、不動産売渡証書など<br>2　地上権又は土地の賃借権の設定又は譲渡に関する契約書<br>　（例）　土地賃貸借契約書、土地賃料変更契約書など<br>3　消費貸借に関する契約書<br>　（例）　金銭借用証書、金銭消費貸借契約書など<br>4　運送に関する契約書<br>　（注）　運送に関する契約書には、傭船契約書を含み、乗車券、乗船券、航空券及び送り状は含まれません。<br>　（例）　運送契約書、貨物運送引受書など<br><br>上記の1に該当する「不動産の譲渡に関する契約書」のうち、平成9年4月1日から令和6年3月31日までの間に作成されるものについては、契約書の作成年月日及び記載された契約金額に応じ、印紙税額が軽減されます。<br>平成26年4月1日から令和6年3月31日までの間に作成されるものについては、右欄のとおりです。<br>　（注）　契約金額の記載のないものの印紙税額は、本則どおり200円となります。 | 記載された契約金額が<br>　10万円以下のもの　　　　　　　　　　　　200円<br>　10万円を超え　50万円以下のもの　　　　400円<br>　50万円を超え100万円以下　〃　　　　　1千円<br>　100万円を超え500万円以下　〃　　　　　2千円<br>　500万円を超え　1千万円以下　〃　　　　1万円<br>　1千万円を超え　5千万円以下　〃　　　　2万円<br>　5千万円を超え　　1億円以下　〃　　　　6万円<br>　1億円を超え　　　5億円以下　〃　　　10万円<br>　5億円を超え　　10億円以下　〃　　　20万円<br>　10億円を超え　50億円以下　〃　　　40万円<br>　50億円を超えるもの　　　　　　　　　60万円<br>　契約金額の記載のないもの　　　　　　　200円<br><br>【平成26年4月1日～令和6年3月31日】<br>記載された契約金額が<br>　50万円以下のもの　　　　　　　　　　　200円<br>　50万円を超え　100万円以下のもの　　　500円<br>　100万円を超え500万円以下　〃　　　　1千円<br>　500万円を超え　1千万円以下　〃　　　5千円<br>　1千万円を超え　5千万円以下　〃　　　1万円<br>　5千万円を超え　　1億円以下　〃　　　3万円<br>　1億円を超え　　　5億円以下　〃　　　6万円<br>　5億円を超え　　10億円以下　〃　　　16万円<br>　10億円を超え　50億円以下　〃　　　32万円<br>　50億円を超えるもの　　　　　　　　　48万円 | 記載された契約金額が<br>**1万円未満（※）**のもの<br><br>※　第1号文書と第3号から第17号文書とに該当する文書で第1号文書に所属が決定されるものは、記載された契約金額が1万円未満であっても非課税文書となりません。 |
| 2 | 請負に関する契約書<br>　（注）　請負には、職業野球の選手、映画（演劇）の俳優（監督・演出家・プロデューサー）、プロボクサー、プロレスラー、音楽家、舞踊家、テレビジョン放送の演技者（演出家、プロデューサー）が、その者としての役務の提供を約することを内容とする契約を含みます。<br>　（例）　工事請負契約書、工事注文請書、物品加工注文請書、広告契約書、映画俳優専属契約書、請負金額変更契約書など<br><br>上記の「請負に関する契約書」のうち、建設業法第2条第1項に規定する建設工事の請負に係る契約に基づき作成されるもので、平成9年4月1日から令和6年3月31日までの間に作成されるものについては、契約書の作成年月日及び記載された契約金額に応じ、印紙税額が軽減されています。<br>平成26年4月1日から令和6年3月31日までの間に作成されるものについては、右欄のとおりです。<br>　（注）　契約金額の記載のないものの印紙税額は、本則どおり200円となります。 | 記載された契約金額が<br>　100万円以下のもの　　　　　　　　　　　200円<br>　100万円を超え200万円以下のもの　　　400円<br>　200万円を超え300万円以下　〃　　　　1千円<br>　300万円を超え500万円以下　〃　　　　2千円<br>　500万円を超え　1千万円以下　〃　　　1万円<br>　1千万円を超え　5千万円以下　〃　　　2万円<br>　5千万円を超え　　1億円以下　〃　　　6万円<br>　1億円を超え　　　5億円以下　〃　　　10万円<br>　5億円を超え　　10億円以下　〃　　　20万円<br>　10億円を超え　50億円以下　〃　　　40万円<br>　50億円を超えるもの　　　　　　　　　60万円<br>　契約金額の記載のないもの　　　　　　　200円<br><br>【平成26年4月1日～令和6年3月31日】<br>　200万円以下のもの　　　　　　　　　　　200円<br>　200万円を超え　300万円以下のもの　　　500円<br>　300万円を超え500万円以下　〃　　　　1千円<br>　500万円を超え　1千万円以下　〃　　　5千円<br>　1千万円を超え　5千万円以下　〃　　　1万円<br>　5千万円を超え　　1億円以下　〃　　　3万円<br>　1億円を超え　　　5億円以下　〃　　　6万円<br>　5億円を超え　　10億円以下　〃　　　16万円<br>　10億円を超え　50億円以下　〃　　　32万円<br>　50億円を超えるもの　　　　　　　　　48万円 | 記載された契約金額が<br>**1万円未満（※）**のもの<br><br>※　第2号文書と第3号から第17号文書とに該当する文書で第2号文書に所属が決定されるものは、記載された契約金額が1万円未満であっても非課税文書となりません。 |
| 3 | 約束手形、為替手形<br>　（注）　1　手形金額の記載のない手形は非課税となりますが、金額を補充したときは、その補充をした人がその手形を作成したものとみなされ、納税義務者となります。<br>　　　　　2　振出人の署名のない白地手形（手形金額の記載のないものは除きます。）で、引受人やその他の手形当事者の署名のあるものは、引受人やその他の手形当事者がその手形を作成したことになります。 | 記載された手形金額が<br>　10万円以上　　100万円以下のもの　　　200円<br>　100万円を超え200万円以下のもの　　　400円<br>　200万円を超え300万円以下　〃　　　　600円<br>　300万円を超え500万円以下　〃　　　　1千円<br>　500万円を超え　1千万円以下　〃　　　2千円<br>　1千万円を超え　2千万円以下　〃　　　4千円<br>　2千万円を超え　3千万円以下　〃　　　6千円<br>　3千万円を超え　5千万円以下　〃　　　1万円<br>　5千万円を超え　　1億円以下　〃　　　2万円<br>　1億円を超え　　　2億円以下　〃　　　4万円<br>　2億円を超え　　　3億円以下　〃　　　6万円<br>　3億円を超え　　　5億円以下　〃　　　10万円<br>　5億円を超え　　10億円以下　〃　　　15万円<br>　10億円を超えるもの　　　　　　　　　20万円<br><br>①一覧払のもの、②金融機関相互間のもの、③外国通貨で金額を表示したもの、④非居住者円表示のもの、⑤円建銀行引受手形　　　　200円 | 1　記載された手形金額が10万円未満のもの<br>2　手形金額の記載のないもの<br>3　手形の複本又は謄本 |
| 4 | 株券、出資証券若しくは社債券又は投資信託、貸付信託、特定目的信託若しくは受益証券発行信託の受益証券<br>　（注）　1　出資証券には、投資証券を含みます。<br>　　　　　2　社債券には、特別の法律により法人の発行する債券及び相互会社の社債券を含みます。 | 記載された券面金額が<br>　500万円以下のもの　　　　　　　　　　　200円<br>　500万円を超え　1千万円以下のもの　　　1千円<br>　1千万円を超え　5千万円以下　〃　　　　2千円<br>　5千万円を超え　　1億円以下　〃　　　　1万円<br>　1億円を超えるもの　　　　　　　　　　2万円<br><br>（注）　株券、投資証券については、1株（1口）当たりの払込金額に株数（口数）を掛けた金額を券面金額とします。 | 1　日本銀行その他特定の法人の作成する出資証券<br>2　譲渡が禁止されている特定の受益証券<br>3　一定の要件を満たしている預貯金等の振替口座簿に基づき作成される株券の無効手続に伴い新たに作成する株券 |

# 一　覧　表

> 10万円以下又は10万円以上 ···· 10万円は含まれます。
> 10万円を超え又は10万円未満 ·· 10万円は含まれません。

| 番号 | 文書の種類（物件名） | 印紙税額（1通又は1冊につき） | | 主な非課税文書 |
|---|---|---|---|---|
| 5 | 合併契約書又は吸収分割契約書若しくは新設分割計画書<br>（注）　1　会社法又は保険業法に規定する合併契約を証する文書に限ります。<br>　　　　2　会社法に規定する吸収分割契約又は新設分割計画を証する文書に限ります。 | 4万円 | | |
| 6 | 定　款<br>（注）　株式会社、合名会社、合資会社、合同会社又は相互会社の設立のときに作成される定款の原本に限ります。 | 4万円 | | 株式会社又は相互会社の定款のうち公証人法の規定により公証人の保存するもの以外のもの |
| 7 | 継続的取引の基本となる契約書<br>（注）　契約期間が3か月以内で、かつ、更新の定めのないものは除きます。<br>（例）　売買取引基本契約書、特約店契約書、代理店契約書、業務委託契約書、銀行取引約定書など | 4千円 | | |
| 8 | 預金証書、貯金証書 | 200円 | | 信用金庫その他特定の金融機関の作成するもので記載された預入額が1万円未満のもの |
| 9 | 倉荷証券、船荷証券、複合運送証券<br>（注）　法定記載事項の一部を欠く証書で類似の効用があるものを含みます。 | 200円 | | |
| 10 | 保険証券 | 200円 | | |
| 11 | 信用状 | 200円 | | |
| 12 | 信託行為に関する契約書<br>（注）　信託証書を含みます。 | 200円 | | |
| 13 | 債務の保証に関する契約書<br>（注）　主たる債務の契約書に併記するものは除きます。 | 200円 | | 身元保証ニ関スル法律に定める身元保証に関する契約書 |
| 14 | 金銭又は有価証券の寄託に関する契約書 | 200円 | | |
| 15 | 債権譲渡又は債務引受けに関する契約書 | 記載された契約金額が1万円以上のもの | 200円 | 記載された契約金額が1万円未満のもの |
| | | 契約金額の記載のないもの | 200円 | |
| 16 | 配当金領収証、配当金振込通知書 | 記載された配当金額が3千円以上のもの | 200円 | 記載された配当金額が3千円未満のもの |
| | | 配当金額の記載のないもの | 200円 | |
| 17 | 1　売上代金に係る金銭又は有価証券の受取書<br>（注）　1　売上代金とは、資産を譲渡することによる対価、資産を使用させること（権利を設定することを含みます。）による対価及び役務を提供することによる対価をいい、手付けを含みます。<br>　　　　2　株券等の譲渡代金、保険料、公社債及び預貯金の利子などは売上代金から除かれます。<br>（例）　商品販売代金の受取書、不動産の賃貸料の受取書、請負代金の受取書、広告料の受取書など | 記載された受取金額が<br>　100万円以下のもの<br>　100万円を超え　200万円以下のもの<br>　200万円を超え　300万円以下　〃<br>　300万円を超え　500万円以下　〃<br>　500万円を超え　1千万円以下　〃<br>　1千万円を超え　2千万円以下　〃<br>　2千万円を超え　3千万円以下　〃<br>　3千万円を超え　5千万円以下　〃<br>　5千万円を超え　1億円以下　〃<br>　1億円を超え　2億円以下　〃<br>　2億円を超え　3億円以下　〃<br>　3億円を超え　5億円以下　〃<br>　5億円を超え　10億円以下　〃<br>　10億円を超えるもの | 200円<br>400円<br>600円<br>1千円<br>2千円<br>4千円<br>6千円<br>1万円<br>2万円<br>4万円<br>6万円<br>10万円<br>15万円<br>20万円 | 次の受取書は非課税<br>1　記載された受取金額が5万円未満のもの<br>2　営業に関しないもの<br>3　有価証券、預貯金証書など特定の文書に追記した受取書 |
| | | 受取金額の記載のないもの | 200円 | |
| | 2　売上代金以外の金銭又は有価証券の受取書<br>（例）　借入金の受取書、保険金の受取書、損害賠償金の受取書、補償金の受取書、返還金の受取書など | 200円 | | |
| 18 | 預金通帳、貯金通帳、信託通帳、掛金通帳、保険料通帳 | 1年ごとに | 200円 | 1　信用金庫など特定の金融機関の作成する預貯金通帳<br>2　所得税が非課税となる普通預金通帳など<br>3　納税準備預金通帳 |
| 19 | 消費貸借通帳、請負通帳、有価証券の預り通帳、金銭の受取通帳などの通帳<br>（注）　18に該当する通帳を除きます。 | 1年ごとに | 400円 | |
| 20 | 判取帳 | 1年ごとに | 4千円 | |

# MEMO

MEMO

MEMO

MEMO

MEMO

# MEMO

# MEMO

【執筆者紹介】

**山端　美徳**（やまはた・よしのり）

国税庁　長官官房　事務管理課
東京国税局　課税第二部　調査部門（間接諸税担当）
東京国税局　課税第二部　消費税課　諸税係長などを歴任
2008 年退官、神奈川県相模原市で税理士登録
2010 年ファイナンシャルプランナー登録（AFP）、行政書士登録

［三訂版］間違うと痛い!! 印紙税の実務Q&A

令和3年8月12日　再版発行
令和5年2月7日　三版発行

不　許
複　製

著　者　　山　端　美　徳

（一財）大蔵財務協会　理事長
発行者　　木　村　幸　俊

発行所　　一般財団法人　大　蔵　財　務　協　会
〔郵便番号　130-8585〕
東京都墨田区東駒形1丁目14番1号
（販　　売　　部）TEL03(3829)4141・FAX03(3829)4001
（出 版 編 集 部）TEL03(3829)4142・FAX03(3829)4005
http://www.zaikyo.or.jp

乱丁・落丁はお取替えいたします。　　　　　　印刷　星野精版印刷
ISBN978-4-7547-2892-2